改訂版

くわしく知りたい
ベトナム語文法

Hiroki Tahara

田 原 洋 樹

白水社

収録音源について
DL マークのベトナム語の音を聴いてください。
本書掲載の主な用例や例文のみを収録しています。第 1 部については用例や例文を 2
回ずつ吹き込んでいます。
以下の白水社ホームページから無料でダウンロードできます。
https://www.hakusuisha.co.jp/book/b618005.html

吹込者：グエン・ティ・ゴック・トー／グエン・フイ・トゥアン

本文イラスト
カトウタカシ

本文写真
田原ハナ

装丁・本文レイアウト
矢野徳子＋島津デザイン事務所

まえがき

　「ベトナム語をくわしく知りたい」という声におこたえしようと思い立ち，旧版『くわしく知りたいベトナム語文法』を送り出してから10年以上が経ちました。ありがたいことに，すでにたくさんのベトナム語学習者が手元に置いてくださるようになり，ベトナム語の「木を見て，森を見る」本として定着してきたようです。

　日本とベトナムの関係はいっそう広がりました。わたしたちにとって，ベトナムは人気旅行先のひとつですし，日本国内にはベトナム人が多く生活するようになりました。いまやベトナム語は「少し学んでみよう」というレベルから，「もっとくわしく知りたい」ひとたちまでの，幅広い学習者に恵まれる言葉になりました。

　そこで，「もっとくわしく知りたい！にこたえたい」を基本方針にして，新版を作ることにしました。「知りたい！に答えたい」気持ちから，便利なさくいんを用意しました。日ごろの学習で感じた疑問をこの本が解決のお手伝いできれば幸いです。また，「知りたい気持ちにも応えたい！」ので，ベトナム語をぐっと近く，もっと楽しく感じられるように本文の表現を改めました。

　ベトナム語の表現をチェックしてくださったグエン・ホアン・ミン先生（立命館アジア太平洋大学講師），そして旧版からずっと一緒に歩んでくれた白水社の岩堀雅己さんに感謝します。

　ベトナム語学習を楽しむみなさんの手になじみますように，と願いを込めて送り出します。

2023年春
田原洋樹

3

旧版へのまえがき

　最近，ベトナム語をくわしく知りたいという声を耳にします。

　そこで，語や文のつくりにうなずき，ベトナム語らしい表現に
親しみ，ベトナム語の魅力を満喫できるように，ベトナム語の「木
を見て，森も見る」本を書いてみました。一羽の鳥になった気持ち
で，文法の細かいところから全体像までを楽しみながらページを進
めていきましょう。ベトナム語に出会って日が浅い方は，最初から
読んでベトナム語の「葉っぱ」や「枝」をじっくり見てください。
また，すでに勉強を始めている方は，「ベトナム語らしさ」が漂う
森全体を眺めることを意識しながら読んでみるといいでしょう。

　ベトナム語の表現をチェックしてくださったグエン・ヴァン・
フエ先生，チャン・ティ・ミン・ヨイ先生に御礼申し上げます。高
木友佳子さんと甲斐千晴さんにはベトナム語学習者の視点からコメ
ントをいただきました。カトウタカシさんの素敵なイラスト，田原
ハナの写真で，楽しく美しい本になりました。また，この本の企画
から完成まで一緒に歩んでくれた白水社編集部の岩堀雅己さんに心
から感謝します。

　ベトナムが好きなひと，ベトナムを旅行するひとがどんどん増
えています。ベトナム語が好きなひと，ベトナム語の勉強を楽しむ
ひとも，もっともっと増えればいいのに，と願いを込めて送り出し
ます。

2010年秋

田原洋樹

c o n t e n t s

ベトナム語を眺める

「ベトナム語ってどんなことばですか？」

　わたしがベトナム語を勉強しはじめて以来，自分自身に問いかけ，先生に問いかけ，そして今はベトナム語を勉強しているひとから問いかけられるようになった質問です。もちろん，ひとことで答えるのは不可能です。文法はどうなのか，音はどうなのか，そういう質問にひとつひとつ答えを見つけ出す『旅』に一緒に出かけるのがこの本なのです。

　出発前に，まずベトナム語の全体像を眺めておきましょうか。

　「ベトナム語」はベトナム語で tiếng Việt Nam，あるいは tiếng Việt といいます。ローマ字アルファベットを使う言語です。よく見るとローマ字の上下にいろいろな記号があります。記号が何を意味するのかを知らなければなりませんが，新たに文字を覚える必要はなさそうですね。

　日本語とベトナム語を見比べると，「ベトナム」を意味する語は Việt Nam あるいは Việt，「語」を意味する語は tiếng だとわかるでしょう。今度は「ベトナム」と「語」の並びかたを見てください。日本語とベトナム語では逆です。ベトナム語では「語」を先にして，その後に「ベトナム」を言います。

　次の文を見てください。

Tôi học tiếng Việt.　わたしはベトナム語を勉強する。

　tôi と học は「わたし」「勉強する」を意味する語です。では，語の並びかたはどうでしょう。ベトナム語では「わたし」「勉強する」「ベトナム語」の順番で語を並べています。

　ベトナム語では語の並びかたのルールが日本語とは違うことがはっきりと見えてきました。「わたしは」の「は」や，「ベトナム語を」の「を」がどこに消えたのかも気になりますね。この謎解きもお楽しみに。

　もう1文見てみましょう。

Tôi đã học tiếng Việt.　わたしはベトナム語を勉強した。

　こちらは「勉強した」と言っています。英語を勉強したときの感覚で，動詞の過去形は？と気になって，học を再点検してみますが，かたちは何も変わってい

ません。そこで，先ほどの文とよく見比べると，đã が何か重要な働きをしていそうだ，と考えられます。

　やはり，ベトナム語の文には日本語とは別の決まりごとがあると実感できますね。この本では，最初に文を作る部品，つまり語について理解を深めます。語の意味を暗記する勉強ではなく，それぞれの語が果たす役割を考えていきます。

　次に語と語を並べて，文を作るしくみを考えます。ベトナム語にはどんなルールがあるのかを明らかにします。そのうえで，ベトナム人同士の「伝えあい」のしくみも見てみます。ベトナム人が好んで使う表現，年代や地域によって異なるベトナム語のバリエーションなど，ルールだけでない「ベトナム語らしさ」に迫っていくのです。

　また，あわせてベトナム語の響きもとり上げます。

　Tôi đã học tiếng Việt. を「トイ　ダー　ホック　ティエング　ヴィエト」とローマ字読みしても，残念ながらベトナム人には通じません。ベトナム語を話していると思われません。それはどうしてかを考えてみます。ベトナム語にはどんな音があるのか，そして音の出しかたも一緒に見ていきましょう。音のルールを身につけることも，ベトナム語らしさを出すためにはとても重要です。

　ルールを勉強すると聞くと，なんだかとても難しい感じがします。しかし，勉強しないで，つまり「ベトナム人と話す，聞く」の経験だけでベトナム語を体得しようと思うなら，数万語もの語や幾千の例文を丸暗記しなければなりません。地図なしで旅に出るようなものです。

　「ベトナム語ってどんなことばですか？」への答えを見つけながら，文や音のルールを考えていく『旅』に，一緒に出かけましょう。

第 1 部

ベトナム語の骨組み

第1章

音の骨組み

(1) ベトナム語の音のかたまり

　美しいアオザイ，おいしい料理で人気の国「ベトナム」。日本語で「ベトナム」といいますが，これをベトナム語では Việt Nam と書きます。よく見ると Việt と Nam のふたつのかたまりがあります。この音のかたまりを音節と呼びます。

　ここでは音節の骨組みを見ておきましょう。まず，骨組みが見えるように，まずは Việt を分解します。

　v は音節はじめの子音（頭子音），iê が母音，最後に t が音節終わりの子音（末子音），そして音節全体に作用するように声調「．」がかぶさっています。つまり，音節は（1）頭子音，（2）母音，（3）末子音，（4）声調でできているのです。末子音がないものもありますが，基本的にすべての語はこの骨組みを持っています。

(4) 声調		
(1) 頭子音	(2) 母音	(3) 末子音

.		
V	iê	t

　Việt Nam の Nam を見てみると，頭子音は N，母音は a，末子音は m だと想像できますね。しかし，声調を表わすものが何も見えません。声調はない，のでしょうか。いえいえ，骨組み通りなのです。Nam は声調の「記号がない」だけで，声調がないわけではありません。

N	a	m

　次にアオザイです。

　アオザイは áo dài です。さっそく骨組みをチェックしましょう。áo や ài は母音で，a の上に記号が見えるのでこれが声調。アオザイの dài をみると，頭子音の d がありますね。母音は a，声調は ` です。つくりがだんだん明らかになってきました。末子音を探してみると áo にも dài にもありません。音節末の子音がない語もあります。

d	ai	
	`	

さて，áo に戻ってみると，頭子音が一見ないように見えるので不安になります。ご安心ください。実はベトナム語のすべての母音は，その母音を出すために声門をいったん閉鎖しています。

ところで，声門の閉鎖ってなんでしょう？　まず，日本語で「あっ」と言います。そして，「あっあっ」と繰り返します。2 度目の「あ」には「っあ」と小さな「っ」がついています。その「っ」が声門閉鎖の音です。この音を頭子音のひとつと考えます。だから，この例では，頭子音は「声門閉鎖音」となるのです。

今度は揚げ春巻きで確認してみましょう。ベトナム語で chả giò といいますが，まずは chả を見てください。母音は a が見えますね。末子音はアオザイの áo や dài と同じで音節末の子音がないケース，声調は a の上にクエスチョンマークの上半身みたいな記号があるから，きっとそれだ。ここまでは大丈夫です。では，頭子音はどうですか。c と h の 2 文字が見えます。カ行とハ行の 2 種類の子音を出すのでしょうか。

実は c と h は 2 文字でひとつの頭子音です。文字は文字，音は音で，それぞれ別の理屈を持った，別の体系です。ベトナム語には 3 文字でひとつの頭子音という語もあります。次の例を見てください。

nghiêng

これは「斜めの」という意味を表わす語で，ベトナム語の中ではつづりが最も長い語のひとつです。

ngh	iê	ng

ngh は 3 文字でひとつの音，音節末の ng も 2 文字でひとつの音です。iê は 2 文字でひとつの母音（二重母音）を表わしています。そもそも文字だけで音の体系を考えることには自ずと限界があるのですね。母音，子音，声調の話は，これからくわしく説明しますので，今は音節の骨組みを気にしながら，ついてきてください。

(2) 音の部品：母音

　ベトナム語には 11 の母音（表記は 12 種類）と 6 つの二重母音（表記は 7 種類）があります。まずは，11 種類の母音から見ていきましょう。以下に 11 の母音を発音するためのポイントをまとめてみました。

アのポイント：3 種類のア

a　日本語の「ア」と同じように。口を大きく開けて，長く発音する。

ă　上の a と同じ音。ただし，短く発音する。後ろに必ず末子音がつく。

â　「ア」と「オ」の間のような音。短く発音する。後ろに必ず末子音がつく。

イのポイント：イはひとつ

i と y　どちらも，音は同じ。日本語の「イ」を長くのばして発音する。

ウのポイント：「思いっきり丸いウ」と「イの口でウ」

u　日本語の「ウ」とはかなり違う。唇を狭く丸めて，前に突き出すようにしてから「ウー」と長く発音。発音するときに目をつぶるとキスシーン？　思いっきり丸いウ。

ư　u とは逆に，丸くない「ウ」。まずは「イ」の口を作り，「イー」と発音してみる。その唇の形のままで「ウー」。通称「イの口でウ」。

エのポイント：「大口のエ」と「イに近いエ」

e　大きく口を開いて「エー」と発音する。

ê　まず「イー」といってみる。その口をゆっくりとなだらかに開けながら「エ」に移っていく。開ききれば上の e。その前にある，より「イ」に近い，口の開きがやや狭く，唇が平らなかたちで出す音が ê。

オのポイント：オは 3 種類

o　口を大きく開けて「オー」。大口の「オー」。

ô　o ほど口を開けない，唇の形は丸い。「ホー，そうですか」の「ホー」のイメージ。鏡に映せば，唇の形は丸みを帯びているはず。

ơ　â と同じ，「ア」と「オ」の間のような音。ただし，ơ は長くのばす。

次に二重母音です。

⌒ 二重母音のポイント：最初の母音を強く長く ⌒

ia　　「イア」を，「イ」の方を強く長く発音する。

iê　　「イエ」を，「イ」を強く長く発音して，「イ」に近い「エ」を添える。この
　　　二重母音で音節が始まる語は yê とつづる。

ua と uô　　後に末子音があるときは uô とつづる。u を強く長く発音する。

ưa と ươ　　上と同様に，末子音があるときは ươ とつづる。u を強く長く。

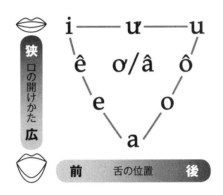

　上の表を見ると，i と u の間に ư があることや，i と a の間に ê や e があるこ
とがわかります。日本語では i から a に移るときには「エ」を１種類にしか切り
分けません。しかし，ベトナム語ではより「イ」に近い「エ」ê と，より「ア」
に近い「エ」e と２種類に分けています。

　言語によって，それぞれ切り分けかたが違うということなのです。日本語は切
り分けかたが少ない，ベトナム語は多く切り分ける言語です。ちょうど１斤の食
パンを３枚切りにするのか，あるいは４枚切りにするのかという差です。むや
みに苦手意識を持つことは無駄です。鏡に向かって，食パンを切り分けるイメー
ジを持ち，発音し分ける練習をすることが上達への近道だと考えています。

(3) 音の部品：子音

　音節の骨組みでも見ましたが，子音には頭子音と末子音の 2 種類があります。南北に長いベトナムでは地域によって差がありますので，ここではハノイの音について説明します。日本語や英語の音と対照しながら考えていきましょう。

頭子音は 20 種類＋ 1

b　日本語の「バ行」の子音とほぼ同じです。ただ，厳密には唇を固く結び，そのまま空気を吸うようにしてから一気に息を出す音。

c, k, qu
　　どちらも「カ行」の子音。母音が i, ê, e，あるいは ia や iê の二重母音の場合は k でつづります。息を強く吐き出さないように注意しましょう。また，q はいつも直後に u をともなって qu- のかたちになり，ハノイを中心とする北部方言では c- や k- と同じ音です。ホーチミン市を中心とする南部方言ではアヒルが「クワッ」となくときのような音が qu- です。

ch と tr
　　どちらも「チャ行」の子音です。

d, gi, r
　　いずれも「ザ行」の子音です。ただし di や ri は「ジ」ではなく［ズィ］。また，gi の後に母音があるときは gi の 2 文字でひとつの子音。したがって，gia は「ジャー」ではなく［ザー］。

đ　横棒がある d は「ダ行」の子音とほぼ同じです。đi は「ヂー」ではなく［ディー］，đu は「ヅー」でなく［ドゥー］。厳密には，舌の先端は前歯の裏側ではなく歯茎についています。

g と gh
　　「ガ行」を喉の奥から強く出します。母音が i, ê, e，あるいは ia や iê の二重母音の場合は gh でつづります。

h　「ハ」「ヘ」「ホ」と同じ子音です。

kh　「カ行」でもなく「ハ行」でもなく，うがいをするように，喉の奥を擦らせて発音してみましょう。

l　日本語「ラ行」ではなく，舌の先端が歯茎につき，英語の l と同じ発音です。

m と n
　　それぞれ「マ行」と「ナ行」の子音です。

ng と **ngh**

　「単語」というときの「ン」の音。合唱部やアナウンス部のひとにとっては「鼻にかかったガ行」です。「ガ行」でも「ナ行」でもない点に注意しましょう。

　母音が i, ê, e, あるいは ia や iê の二重母音の場合は ngh でつづります。

nh 「ニャンコ」というときの「ニャ」の子音。

p 「パ行」の子音。外来語を書くときに用いられます。

ph 2 文字でひとつの子音。英語の f と同じ音です。

s と **x**

　「サ行」の音。ただし，si や xi は「シー」ではなく［スィー］です。

t 「タ行」の子音。息が強く出ないようにしましょう。ti は［ティー］，tu は［トゥー］。

th 「タ行」の子音を，強く息を出しながら発音します。母音が i や u, ư のときには，やはり「チー」や「ツー」ではなく［ティー］［トゥー］と発音。口の前にティッシュペーパーや半紙などを垂らして，t と th を発音し分けてみるといいでしょう。紙が前に強く揺れたら th の音です。

v 英語の v と同じ音です。

　このほかに，母音で始まるすべての語には頭子音として声門閉鎖音がついています。日本語で「あっあっ」と言うとき，2 度目の「あ」に小さな「っ」がついていますね。これは「っあ」を発声するための準備をしている音です。声門閉鎖音とは母音を発音しようと声門を一度閉じたときの音です。

末子音はまず 3 分類。11 種類

① -p, -t, -c, -ch は「寸止め」4 兄弟。音を作る準備をして，そのまま止めます。

-p 「さっぱり」の「ぱ」を発音せずに小さな「っ」で寸止め。唇は閉じたままです。

-t 「べったり」の「た」を発音せずに小さな「っ」で寸止め。舌の先は前歯裏側の歯茎についたままです。

-c 「びっくり」の「く」を発音せずに小さな「っ」で寸止めです。

-ch 「どっきり」の「き」を発音せずに小さな「っ」で寸止めします。

　　＊ 「さっぱり，べったり，びっくり，どっきり」をゆっくり発音しながら，小さな「っ」で寸止めする練習を繰り返してみましょう。

② -m，-n，-ng，-nh は「ん」4姉妹。唇の形や口の中の動きをよく考えて，大阪へ旅行する気持ちで練習してみます。

-m　「なんば（難波）」の「ん」。「マ行」「バ行」「パ行」の音を出す寸止め。唇は閉じたままです。

-n　「電鉄」の「ん」。舌の先が前歯裏側の歯茎につきます。

-ng　「南海」の「ん」。舌は低い位置です。鼻から空気を抜くようにして「ん」を発音しましょう。

　＊ 「南海電鉄なんば駅（なん<u>か</u>いでんてつなんばえき）」を何回もゆっくり発音しながら，「ん」を3種類に発音し分けてみましょう。

-nh　「千日前（せんにちまえ）」の「ん」に近い音。「イ」の口です。舌を上あごにくっつけて，鼻から空気を抜きながら「ん」を発音します。

③ -i，-y，-o，-u は a の次にくるとき，それぞれ母音の文字なのに末子音として扱われます。

-ai　「アーイ」と「ア」が長くて「イ」は弱く短いです。

-ay　「アイー」と「イ」の方が長いです。

-ao　長めの「アー」に「オ」を短く軽く添える感じです。

-au　軽い「ア」と「ウー」を長くしっかりと発音します。

閉じる・閉じないも重要な区別

　以下は言い終わったときにきちんと口が閉じているかどうかがポイントです。

(1) -p，-m は必ず唇が閉じて終わります。寸止め！ですから。

(2) 母音が o，ô，u で，末子音が -c か -ng の場合も唇は閉じています。
　-c では，息を喉もとでぐっと止めて，口を閉じます。さらに閉じながら頬をぷっくりとふくらませます。発音し終わったときの顔は「プンプン」と怒っているひとの頬のようです。-ng では，鼻から空気を抜きながら口を閉じます。

（4）音の部品：声調

　ベトナム語を聞いたときに「歌のようだ」「音の高低があって面白い」という印象を持つひとが多いですね。ベトナム語には6種類の声調があり、「音の高低」や「音の変化」をマスターすることがとても重要です。ma を例にとって、6種類の声調を味わってみましょう。右は、それぞれベトナム語での声調の呼び名です。

ma（記号なし）thanh ngang「平らな声調」
　日本語の「マー」を、少し高めの声で、まっすぐ平らに発音してみましょう。

mà（記号 `）thanh huyền「下がる声調」
　日本語の「マー」をかなり低い声で始め、そのまま下がり気味に発音する。「まあまあ」となだめるときの「マー」ですね。

mả（記号 ?）thanh hỏi「尋ねる声調」
　「エー、うっそー」の「エー」のように、低く下げて発音しながら再び元の高さまで戻ります。驚きながら、ちょっと嫌味っぽく、「マー」と言ってみましょう。

mã（記号 ~）thanh ngã「倒れる声調」
　高めに「マー」を発音しながら、途中で音を断絶させます。断絶の直後に緊張した音を高く出します。「マアッァ」を高い声でセクシーに発音してみるとよい練習になります。

má（記号 ´）thanh sắc「鋭い声調」
　「マー」を途中で急速に高めます。驚いたときの「えーっ」に似ています。

mạ（記号 .）thanh nặng「重い声調」
　喉の奥で詰めるように、声を押し殺すように発音します。

　この6種類の声調には配列の順序はなく、中国語のように番号で呼ぶこともありません。辞書などの配列もまちまちなのですが、だいたい上記の順番が一般的です。なお、声調記号がつく位置は書体によって異なることがあります。

　また、声調が変わればまったく別の語です。たとえば ma は「お化け」「幽霊」で、má は「母」です。日本語や英語のアクセントは音節間の高低や強弱の差ですが、声調は音節の中での音の高低や音の変化です。

語で音を確認しよう

ここまで見てきた音の部品を，実際に語や文で確認してみましょう。

①声調の確認　DL 2

Bà Ba đi xa. バーさんは遠くに行く。　　　**Bà Bá đi xa.** バーさんは遠くに行く。
バー　バー　ディー　サー　　　　　　　　　　　　バー　バー　ディー　サー

　左の例は Ba さん，右は Bá さんで，まったくの別人です。Bá の方は，鋭く，
やや大げさに上げる感じで発音してみましょう。xa「遠い，遠くに」の意味で，
x は「サ行」の音ですね。

Thúy, Thủy và Thụy đi Thụy Sĩ. トゥイとトゥイとトゥイはスイスに行く。
トゥイ　　トゥイ　ヴァー　トゥイ　ディー　トゥイ　スィー

　ローマ字は同じですが，声調が違いますから，やはり 3 人は別人。音声を繰り
返し聞いて，声調の違いを実感してください。最後の Thụy Sĩ は「スイス」です。

Tôi và Thủy sẽ quyết định. わたしとトゥイが決定するでしょう。
トイ　ヴァー　トゥイ　セー　クィエッ　ディン

　6 種類の声調が，先ほど説明した通りの順番で出てきますね。
　それでは，母音や子音の説明を参考にしながら，実際の音に親しんでみましょう。

②母音の確認　DL 3

An ăn cơm.　　　　　アン（An）はご飯を食べる（ăn）。
アーン　アン　コム

An đi Ấn Độ.　　　　アンはインド（Ấn Độ）に行く。
アーン　ディー　アン　ド

Thu đi Châu Âu.　　トゥー（Thu）はヨーロッパに行く。（丸い「ウ」）
トゥー　ディー　チャウ　アウ

Thư đi Châu Âu.　　トゥー（Thu）はヨーロッパに行く。（イの口で「ウ」）
トゥー　ディー　チャウ　アウ

Tôi quên.　　　　　わたしは忘れる。（イに近い，狭い口で「エ」）
トイ　クエン

Tôi quen.　　　　　わたしは慣れる。（大きな口で「エ」）
トイ　クエン

Bố hơi to.　　　　　父は少し大きい。
ボー　ホイ　トー

20

Tôi uống bia Việt Nam. わたしはベトナムのビールを飲む（uống）。
トイ ウオン ビア ヴィエッ ナーム

Tôi mua cua. わたしは蟹（cua）を買う。（丸い「ウ」を強くいって，「ア」を添える）
トイ ムア クア

Mùa mưa, tôi mua áo mưa. 雨季（mùa mưa）に，わたしは雨がっぱ（áo mưa）を買う。
ムア ムア トイ ムア アオ ムア

③頭子音の確認

DL 4

b:	**ba** （数字の）3 バー	**bia** ビール ビア	**bố** 父 ボー
c と k:	**cá** 魚 カー	**có** ある，持つ コー	**kia** あれ キア
qu:	**quà** プレゼント クアー	**quê** 故郷，田舎 クエー	**quý** 大切な，貴重な クイー
ch と tr:	**chè** チェー（ベトナム風あんみつ・ぜんざい） チェー		**chó** 犬 チョー　　**trà** お茶 チャー
d, gi, r:	**da** 肌 ザー　　**dì** 叔母 ズィー　　**giá** もやし ザー		**gió** 風 ゾー　　**ra** 出る ザー
đ:	**đá** 石，氷 ダー　　**đi** 行く ディー　　**đó** それ，その ドー		**đu đủ** パパイヤ ドゥー ドゥー
g と gh:	**gà** 鶏，鶏肉 ガー	**gọi** 呼ぶ ゴイ	**ghẹ** ワタリガニ ゲ
h:	**hai** （数字の）2 ハイ	**hè** 夏 ヘー	**hồ** 湖 ホー
kh:	**khỉ** 猿 キー	**khó** 難しい コー	**khỏe** 元気な コエ
l:	**là** ～である ラー	**lê** 梨 レー	**lo** 心配する ロー
m:	**ma** お化け マー	**mì** ラーメン ミー	**mũ** 帽子 ムー
n:	**nai** 鹿 ナイ	**nào** 何 ナオ	**nói** 話す ノイ
ng と ngh:	**Nga** ロシア ガー	**ngủ** 眠る グー	**nghe** 聞く ゲー
nh:	**nhà** 家 ニャー	**nhỏ** 小さい ニョー	**nhớ** 覚える，思い出す ニョー

p:	**patê** パテ（サンドイッチの具） パテ		**pigiama** パジャマ ピザマ	**pin** 乾電池 ピン

ph:	**phà** 渡し船 ファー	**cà phê** コーヒー カー フェー	**phở** フォー フォー

s と x:	**số** 数字 ソー	**xa** 遠い サー	**xe** 車 セー

t:	**ta** 我々 ター	**tôi** わたし トイ	**tủ** タンス トゥー

th:	**tha** 許す ター	**thôi** 辞める トーイ	**thử** 試す トゥー

v:	**và** …と… ヴァー	**vẽ** 描く ヴェー	**vui** 楽しい ヴイ

声門閉鎖： **ê** こらっ！ **ừ** （返事の）うん **Ý** イタリア
エー　　　　　　ウー　　　　　　　　イー

④末子音の確認：寸止め！に注意。アミカケ部分は口を閉じて終わる。 **DL 5**

-p:	**đẹp** 美しい デッ	**gặp** 会う ガッ	**xe đạp** 自転車 セー ダッ

-t:	**hát** 歌う ハーッ	**viết** 書く ヴィエッ	**Nhật Bản** 日本 ニャッ バーン

-c:	**ác** 悪い アッ	**đọc** 読む ドッ	**học** 勉強する ホッ

-ch:	**ếch** カエル エッ	**sách** 本 サッ	**thích** 好きだ ティッ

-m:	**chim** 鳥 チム	**xem** 見る セム	**thơm** 香りがいい トーム

-n:	**ăn** 食べる アン	**bàn** 机 バーン	**ngon** おいしい ゴン

-ng:	**cũng** 〜も クン	**không** （否定の副詞） コン	**uống** 飲む ウオン

-nh:	**anh** 兄, あなた アイン	**nhanh** 速い ニャイン	**xanh** 青い サイン

母音文字で終わるもの： **áo dài** アオザイ **ấy** あの **màu** 色
　　　　　　　　　　　アオ ザイ　　　　　アイー　　　　マウ

後ろを通ります

　おいしいフォー屋や食堂を探すコツは，「店の前に止まっているバイクの台数に注目する」と，ベトナム人の友人に教えられたことがあります。ベトナム人の生活の「足」であるバイクがたくさん駐輪されていれば，そのぶんだけ多くのお客で賑わっている証，したがっておいしいという，理解しやすい三段論法（？）です。

　狭い店内に席を求めて料理が出てくるのを待つと，背中の後ろを店員がひっきりなしに通ります。熱々のフォーが入った丼を持って，"Nước sôi!" と声を出しながら通っていきます。この声が聞こえると，すれ違う店員どうしで通路を譲り合ったり，お客が椅子を引いたりしています。不思議に感じて，辞書を引いてみると nước sôi は「熱湯」の意味でした。相手の注意を喚起するとき，「後ろを通ります」「ちょっとどいてください」という代わりに「熱湯！」と言っているのですね。その後も，いろいろな店で耳を澄ませていると，nước sôi だけでなく，単に "Sôi!" と言っているケースも多くありました。sôi は「湯を沸かす」の意味ですが，ここでは nước sôi を短くした言いかたですね。

　さて，この話には後日談がありまして…。寄せ鍋や魚介類の炭火焼きでビールが飲めるお店に出かけたときのことです。カンカンに熾った炭火が入った七輪を店員がテーブルの上に運んできます。熱湯ではありませんが，やはり "Nước sôi!" と言いながら店内を早歩きしています。寄せ鍋も七輪も熱いですから，「熱いものが通ります」のような意味で言っているのでしょうね。

　次に，ビールとコップ，そして氷が入ったアイスペールをお盆に載せた店員がやってきました。彼は，南国の暑さで喉がカラカラに乾いたわたしたちの後ろを，"Nước sôi!" を連呼しながら通り過ぎていき，隣のお客のところに行きました。ほとんど「職業病」のような口癖ですね。

　友人とわたしは目を合わせて，そしてカラカラの喉で笑いながら，自分たちのビールを待ちました。そして間もなく，やはり "Nước sôi!" の声とともにビールが到着し，「熱湯」ならぬ，氷でよく冷えたビールで乾杯しました。

第2章

文の部品を点検する

（1）「かたまり」と「語」

　これから一緒にベトナム語の文のしくみを考えていきます。文のしくみを考える前に，文を構成している「部品」を点検してみましょう。

Tôi học ở Việt Nam.　わたしはベトナムで勉強する。　　　　`DL 6`
トイ　ホッ　オー　ヴィエッ　　ナーム

　この文には（1）tôi，（2）học，（3）ở，（4）Việt，（5）Nam の5つのかたまりが見えます。（1）「わたし」，（2）「勉強する」，（3）「〜で」という意味を持つ語です。一方，（4）と（5）のかたまりはふたつでひとつの語「ベトナム」を表わします。ひとつのかたまりで構成されている語もあり，「ベトナム」のようにふたつのかたまりでひとつの語というケースもあります。

Tôi uống bia.　　　　わたしはビールを飲む。
トイ　ウオン　ビア

Tôi uống cà phê.　　わたしはコーヒーを飲む。
トイ　ウオン　カー　フェー

　上の文は3つのかたまり，下の文は4つのかたまりで成り立っています。しかし，語の数はどちらも3語です。かたまりの意味は（1）tôi「わたし」，（2）uống「飲む」です。上の文の（3）bia は［ビア］という音で「ビール」です。下の文の（3）cà phê は［カーフェー］と発音すれば「コーヒー」の意味だと気が付くでしょう。tôi や bia は「かたまり＝語」ですが，cà や phê のようなそれぞれのかたまりはそれだけではダメで，結合してはじめて意味を持つ語になれます。

　現代のベトナム語は，かたまりの切れ目ごとにスペースをとる「分かち書き」です。スペースが語と語の間なのか，かたまりの間なのか。これはベトナム語を始めたばかりのひとには大きな問題です。困ったことに cà や phê には「コーヒー」という語を構成するかたまりとしての役割のほかに，かたまり自体で別の語にもなっています。cà は「茄子」，phê には「批評する，評価する」という意味があります。

　ベトナム人は cà と phê のかたまりを見ればコーヒーだとわかります。しかし，初学者が辞書に首っぴきになりながら，かたまりごとに訳を付けていくと「茄子

が批評する」という訳文が生まれてしまうのです。単語数を増やしながら，かたまりと語の関係をつかんでいくとよいでしょう。

さて，cà phê は cà と phê のふたつのかたまりに分けられる，しかし cà は c と à には分けられません。cà はこれ以上小さくならない「かたまり」です。

ひとつのかたまりでひとつの部品になっているものは単音節語，ふたつ以上のかたまりなら多音節語といい，cà phê のようなふたつのかたまりでひとつの意味を持つ語は，2 音節語と呼ばれます。

部品をくわしく点検していく前に，まず大原則を見てください。

ベトナム語では，主語や時制，数などによって語のかたちは変わりません。一度覚えた語のかたちは不変です。「動詞の変化を暗記せよ」ということもありませんから，安心してお付き合いください。

> **ポイント!** ベトナム語の部品の大原則
>
> 活用や変化はない，形は変わらない

気持ちが，少しは楽になりましたね。

ベトナム語の部品

この本でくわしく見ていく「ベトナム語の部品」を見通しておきましょう。次は，これから出てくる部品の一覧です。

動詞　名詞　性詞　副詞　助詞　介詞　連詞　代詞　数詞と類別詞

日本語や英語の文法でおなじみの部品もあり，今まで見たこともない名前もあり，わくわくします。名前が同じ部品でも，日本語や英語とは意味や役割が違う場合もあるので，それぞれの相違を気にしながら読んでいくといいですね。

(2)動詞

では，部品の点検を始めましょう。

最初は動詞です。動詞はひとや物事の動きを表わす語です。

Tôi uống bia.　　わたしはビールを飲む。　　　　　　　DL 7
トイ　ウオン　ビア

Tôi uống cà phê.　わたしはコーヒーを飲む。
トイ　ウオン　カー　フェー

この2文では uống「飲む」が動詞です。

Chim bay.　鳥は飛ぶ。　　**Hoa nở.**　花は咲く。　　**Xe chạy.**　車は走る。
チム　バイー　　　　　　　　ホア　ノー　　　　　　　　　　セー　チャイ

chim は「鳥」，hoa は「花」の意味です。動植物の動きや xe「車」のような
物の動きも動詞を使って言い表わすことがわかります。

過去や未来のことを述べるときでも，動詞のかたちは変わりません。

Hôm qua tôi uống cà phê.　昨日，わたしはコーヒーを飲んだ。
ホム　クア　トイ　ウオン　カー　フェー

Ngày mai tôi uống cà phê.　明日，わたしはコーヒーを飲む。
ガイー　マイ　トイ　ウオン　カー　フェー

それぞれ最初の語が hôm qua「昨日」や ngày mai「明日」を意味しているので，
uống のかたちを変えなくても誤解なく伝えあうことができるのです。

Tôi thích uống cà phê.　わたしはコーヒーを飲むのが好きだ。
トイ　ティッ　ウオン　カー　フェー

上の文には thích「好きだ」と uống「飲む」とふたつの動詞が出てきます。
英語では動詞と動詞をそのまま連結できないので，後ろの動詞に to をつけて不
定詞にしたり，ing をつけて動名詞にしたりと，かたちが変化していましたね。
ベトナム語では，ここでも「かたちは変わらない」の大原則が貫かれています。

この文では uống cà phê「コーヒーを飲む」が thích の中身になっている点に
も注目してください。動詞はそのままのかたちで動詞の中身になります。英文法
ではこれを「目的語」といいますが，ベトナム語文法では補語と呼びます。

Tôi học tiếng Việt.　　わたしはベトナム語を勉強する。　　DL 8
トイ　ホッ　ティエン　ヴィエッ

Tôi đi học tiếng Việt.　わたしはベトナム語を勉強しに行く。
トイ　ディー　ホッ　ティエン　ヴィエッ

học「勉強する」, đi「行く」と 2 種類の動詞が見えますね。đi học はふたつの動詞が連結して「勉強しに行く」の意味になります。

Tôi quyết định đi học tiếng Việt. わたしはベトナム語を勉強しに行くと決心した。
トイ　クィエッ　ディン　ディー　ホッ　ティエン　ヴィエッ

quyết định は「決定する」で, このように 2 音節の動詞もあります。例文では quyết định, đi, học と動詞が 3 つ続いていますね。

Học tiếng Việt hay. ベトナム語を勉強するのは面白い。
ホッ　ティエン　ヴィエッ　ハイー

動詞は, 主語にもなれます。もちろんかたちは変わりません。học tiếng Việt「ベトナム語を勉強する」はそのままのかたちで主語です。日本語で「こと」をつけて名詞にするような手続きは học には不要です。

┌───┐
ポイント！ **動詞**

　　動詞と動詞を連結できる
　　ベトナム語の動詞はそのまま主語・補語にもなる
└───┘

もう疲れましたか。こんな言いかたもありますよ。

Học tiếng Việt mệt. ベトナム語を勉強するのは疲れる。
ホッ　ティエン　ヴィエッ　メッ

mệt が「疲れる」です。

せっかくだからこちらを使いましょう。

Tôi thích học tiếng Việt. わたしはベトナム語を勉強するのが好きだ。
トイ　ティッ　ホッ　ティエン　ヴィエッ

もう一度, いかがですか。

Học tiếng Việt hay. ベトナム語を勉強するのは面白い。
ホッ　ティエン　ヴィエッ　ハイー

(3) 名詞

次に名詞も点検しておきましょう。

名詞は物や事柄を表わす語です。いままで出てきた cà phê「コーヒー」，bia「ビール」，sách「本」はいずれも物を表わす名詞です。chim「鳥」や hoa「花」は動植物で，ほかにも名詞には người「ひと」のように人間を言い表わす語もあります。モノ・物・者の名前すべて名詞です。

Bác sĩ uống cà phê. 医師はコーヒーを飲む。

バッ スィー ウオン カー フェー

DL 9

bác sĩ は「医師」を意味します。職業を表わす語も名詞です。

2 người uống cà phê. ふたりはコーヒーを飲む。

ハイ グオイ ウオン カー フェー

英語を勉強するときの習慣で，ついつい単数か複数かが気になってしまいますか。2 人は複数だから người は…と見てみると，やはりかたちは変わっていませんね。名詞のかたちは数に影響されないことがわかります。数字の「2」は「ハイ」と読みます。

Không có gì quý hơn độc lập tự do. 独立と自由より尊いものはない。

コン コー ジー クイイ ホン ドッ ラッ トゥ ゾー

これはベトナムを旅行するとあちこちで目にするスローガンで，ベトナム建国の父と慕われているホー・チ・ミン主席のことばです。ここでは độc lập〈独立〉と tự do〈自由〉のふたつの名詞に注目してください。フォーやコーヒーのように，そのものズバリという感じはしません。独立も自由も目に見えない抽象的な概念で，これも名詞です。なお，độc lập と tự do はそれぞれ漢語の〈独立〉と〈自由〉のベトナム語音です。このような語は語彙全体の約 60 パーセントを占め，từ Hán Việt「漢越語」と呼ばれます。この本では，漢越語のいくつかについて〈 〉で漢字を示してあります。

ホー・チ・ミンはベトナム語で Hồ Chí Minh とつづります。地名や人名などは特に固有名詞と呼ばれ，それぞれのかたまりの最初の 1 文字を大文字で書きます。Việt Nam「ベトナム」，Nhật Bản「日本」に大文字が見えるのも，このルールに従っているからです。

さて，コーヒーに話を戻します。

Tôi thích uống cà phê Buôn Ma Thuột.

トイ ティッ ウオン カー フェー ブオン マー トゥオッ

わたしはバンメトート産のコーヒーを飲むのが好きだ。

最後の Buôn Ma Thuột はベトナム随一のコーヒー産地，バンメトートです。地名ですから，かたまりは大文字で始まっていますね。地名と，コーヒーという一般的な物を表わす名詞の順序に着目してください。日本語は球磨焼酎，長崎ちゃんぽんのように地名が先です。ベトナム語では，「お茶なのかコーヒーなのか」と大きな区別を先に示します。「コーヒー」といってから，それがどこのコーヒーなのか，どんなコーヒーなのかを後から示します。名詞と名詞は連結します。指し示す意味が大きな名詞から順に並べます。

Tôi thích nghe nhạc Mỹ Linh. わたしはミー・リンの音楽を聞くのが好きだ。
トイ　ティッ　ゲー　ニャッ　ミー　リン

nghe は「聞く」を意味する動詞，nhạc は「音楽」です。例文では，まず「音楽」という大きな名詞を出して，後ろで Mỹ Linh と歌手名を特定しています。人名は固有名詞だからかたまりは大文字で始まっていますね。ミー・リンは日本でも CD デビューしている，ベトナムを代表する歌手のひとりです。

Tôi đọc báo Nhân Dân. わたしはニャンザン新聞を読む。
トイ　ドッ　バオ　ニャン　ザン

báo「新聞」と nhân dân〈人民〉の連結も，まず「新聞」と大きな区分の名詞があり，その後に個別の名詞です。日本語とは逆の連結ルールがあるのです。ちなみに，Nhân Dân はベトナム共産党の機関紙で，読んでもあまり面白くありませんが，国の大きな動きを把握するために重要な新聞です。なお，đọc は「読む」の意味で，動詞です。

> **ポイント！ 名詞**
>
> 数に影響されない，名詞＋名詞の連結，順序は日本語と逆

もう一度確認しておきましょう。

3 người ăn phở gà, uống trà đá.
バー　グオイ　アン　フォー　ガー　ウオン　チャー　ダー
3人は鶏肉フォーを食べ，アイスティーを飲む。

ăn は「食べる」の意味。大切な動詞ですね。người は複数でもかたちは同じ，鶏肉フォーの場合はメインはフォー（phở）で，鶏肉（gà）は具の区別ですから，phở の方が先です。trà は「お茶」，đá は「氷」の意味で，trà đá は「アイスティー」。語順を見ると，まず「お茶」という大きな名詞が先ですね。名詞と名詞の連結は日本語と順序が逆だとはっきり見えました。数字の「3」は「バー」です。

(4) 性詞

　動詞や名詞は，ベトナム語に馴染みがなくても，どこかで聞いたことがある名前でした。しかし，性詞は初めてでしょう。まずは，例を見てください。

áo dài đẹp　美しいアオザイ
　　アオ　ザイ　デッ

　áo dài はベトナムの民族衣装「アオザイ」です。物の名前なので名詞ですね。その後ろの đẹp を見てください。アオザイの「美しい」という性質を表わす語で，これを性詞と呼びます。

Áo dài đẹp.　アオザイは美しい。　DL**10**
　　アオ　ザイ　デッ

　よく見比べてください。大文字で始まり，ピリオドで終わっているから，こちらは文なのです。áo dài が主語，đẹp が述語です。

　性詞は名詞を修飾する，そして文の述語にもなれるという特質をもっています。

cà phê thơm　香りがいいコーヒー
　　カー　フェー　トーム

Cà phê thơm.　コーヒーは香りがいい。
　　カー　フェー　トーム

　上のふたつの文でも thơm「香りがいい」という性詞が2通りの役割を果たしています。

　別の例を見てください。

Tiếng Việt khó.　ベトナム語は難しい。
　　ティエン　ヴィエッ　コー

　khó は「難しい」を意味する性詞です。ベトナム語では動詞も主語になれるので，次のように述べることもできます。

Học tiếng Việt khó.　ベトナム語を勉強するのは難しい。
　　ホッ　ティエン　ヴィエッ　コー

　さて，性詞をもっと考えてみましょう。

Xe chạy nhanh.　車は速く走る。
　　セー　チャイ　ニャイン

　xe は「車」，chạy は「走る」の意味でしたね。最後の nhanh が「速く」を意味する性詞です。ここでは「走る」という動作を表わす動詞の状況・様子を示しています。日本語の文法では副詞と呼ばれていますが，ベトナム語では性詞です。

Nam học tốt.　ナムはよく勉強する。
ナーム　　ホッ　　トッ

tốt は「よい」の意味です。いろいろな場面で使える語です。ベトナム語のジェスチャーで tốt は親指を上向きに立てて相手に見せて表現します。

Cà phê thơm ngon.　コーヒーは香りがよく，おいしい。
カー　フェー　トーム　　ゴン

この文では thơm と ngon「おいしい」，性詞がふたつあります。性詞を並べることもでき，かたちはもちろん変わりません。

今度はこのふたつの文を見てください。

Hoa anh đào đẹp.　　桜は美しい。
ホア　アイン　ダオ　デッ

Hoa anh đào nở đẹp.　桜は美しく咲く。
ホア　アイン　ダオ　ノー　デッ

上の文で đẹp は hoa anh đào「桜」という名詞の状態を，下の文では nở「咲く」の様子を表現しています。同じ語が名詞にも動詞にもくっつきます。このように，ベトナム語の性詞は日本語の形容詞と副詞に当たる語だと考えられます。ベトナム語文法の世界で伝統的に使われている分類です。この本でも，これからどんどん登場してきますので，仲よくしていきましょう。

> **ポイント!** 性詞
>
> 　動詞・名詞にくっついて性質・状態を表わす
> 　後ろから修飾する

最後にひとこと。性詞はベトナム語では tính từ と書きます。辞書を引いたとき，見出し語の直後に t と部品名が記されているのが性詞です。知っておくと便利です。

(5) 副詞

Nam học tiếng Nhật. ナムは日本語を勉強する。 DL 11
ナーム　ホッ　ティエン　ニャッ

ベトナム語の動詞が過去や現在の「時」でかたちを変えないことはもうおわかりですね。「時」を明確に言い表わしたい場合には, まず「昨日」とか「明日」のように具体的な時を表わす名詞を使う方法があります。では, 具体的に「いつ」と言わない場合はどうするのでしょうか。そこで今度は副詞の出番です。

Nam đã học tiếng Nhật. ナムは日本語を勉強した。
ナーム　ダー　ホッ　ティエン　ニャッ

đã は, ある動作がすでに始まっていることを示す語です。上の例では, 「勉強する」という動作がもう始まっていることがわかります。

Taro sắp đi Việt Nam. 太郎はもうすぐベトナムに行く。
タロー　サッ　ディーヴィエッ　ナーム

sắp は đi「行く」という動作がとても近い将来に始まることを示しています。わたしたちは, sắp のおかげで太郎はまだベトナムに行っていない, しかしもうすぐ行くのだとわかるのです。

このように動詞の表現をふくらませる部品を, ベトナム語では phó từ「副詞」
フォー　トゥー
と呼びます。

Long cũng học tiếng Nhật. ロンも日本語を勉強する。
ロン　クン　ホッ　ティエン　ニャッ

副詞がふくらませるのは「時」だけではありません。cũng は, これから述べることの状態・様子・動作が, すでに述べたことと同一であることを示す副詞です。ナムと同じように, ロンが日本語を勉強していると言うときに cũng を使います。
それでは「ロンも日本語を勉強した」はどうしますか。

Long cũng đã học tiếng Nhật. ロンも日本語を勉強した。

直後の đã は時を表わす副詞ですから, この文では副詞が重なっています。
さて, 朝食の好みを聞かれたら,

Tôi thường ăn phở gà. わたしはたいてい鶏肉入りフォーを食べる。 DL 12
トイ　トゥオン　アン　フォー　ガー

のように答えます。この文では, ăn「食べる」という動作の頻度がかなり高いことがわかります。動詞の前に頻度を表わす副詞 thường があるからです。この

仲間には luôn luôn「いつもいつも」，ít khi「あまり～しない」などの語があります。位置は動詞の直前です。

　さて，副詞がいくつも並ぶときには一定のルールがあります。

Tôi cũng thường ăn phở gà.　わたしもたいてい鶏肉入りフォーを食べる。
トイ　クン　トゥオン　アン　フォー　ガー

cũng「も」など同一を表わす副詞が先，時や頻度を表わす副詞は後です。

今度は別の例を見てみましょう。次の2文を比べてみてください。

Xe chạy nhanh.　　　車は速く走る。
セー　チャイ　ニャイン

Xe chạy rất nhanh.　　車はとても速く走る。
セー　チャイ　ザッ　ニャイン

　この文では rất が nhanh「速く」の程度が著しいことを言い表わしています。nhanh は性詞ですから，rất が性詞をふくらませる語であることがわかります。副詞には性詞をふくらませるものもあるのです。

Cà phê rất thơm.　コーヒーは香りがとてもいい。
カー　フェー　ザッ　トーム

Hoa nở rất đẹp.　花はとても美しく咲く。
ホア　ノー　ザッ　デッ

（ポイント！） **副詞**

　　動詞や性詞をふくらませる，副詞が重なることもある

Tôi rất thích hoa anh đào.　わたしは桜がとても好きだ。
トイ　ザッ　ティッ　ホア　アイン　ダオ

thích「好きだ」など，好き嫌いを言う動詞の前にも程度を表わす副詞がつきます。

　いかがですか。いろいろでてきたので，Học tiếng Việt rất khó.「ベトナム語
　　　　　　　　　　　　　　　　　　　　　　　ホッ ティエン ヴィエッ ザッ コー
の勉強はとても難しい」，なんて言われると少し悲しいです。

　こちらを覚えてほしいですね。

Tôi rất thích học tiếng Việt.　わたしはベトナム語を勉強するのが大好きだ。
トイ　ザッ　ティッ　ホッ　ティエン　ヴィエッ

やっぱりそうでしょう！

(6) 助詞

つづいて，助詞もふくらませてみましょう。

Tôi nói tiếng Việt. わたしはベトナム語を話す。 DL13
トイ ノイ ティエン ヴィエッ

nói は「話す」です。かつて，ベトナムに駐在していたルーマニア大使はベトナム人が一目置く，ベトナム語の達人でした。話だけ聞いていると，大使をベトナム人だと間違えるひとや秘書が話しているのだと誤解するひとも多かったほどです。

Chính tôi nói tiếng Việt. （他ならぬ）まさにわたしがベトナム語を話す。
チン トイ ノイ ティエン ヴィエン

chính は名詞の前につき，名詞の意味をはっきりさせ，強調する役割を持ちます。他の誰でもなくわたしが，と「わたし」を強調しています。

Long nói tiếng Nhật, nói tiếng Anh, nói cả tiếng Nga.
ロン ノイ ティエン ニャッ ノイ ティエン アイン ノイ カー ティエン ガー
ロンは日本語，英語，そしてロシア語までも話す。

ここでは cả に注目します。tiếng Nga「ロシア語」の前についています。話し手にとって，ロンが日本語（tiếng Nhật）や英語（tiếng Anh）を話すのは想定内ですが，ロシア語までも話すとは！と驚きの気持ちがこの cả によって伝わってきます。cả は程度が著しいこと，限度や想像を超えていることを示す語です。

Cả tôi cũng nói tiếng Việt. わたしもベトナム語を話す。
カー トイ クン ノイ ティエン ヴィエッ

助詞と cũng を一緒に使うパターンも見ておきましょう。上の文では，ほかのみんながベトナム語を話す，わたしもベトナム語を話す，という強調です。

Ngay cả tôi cũng nói tiếng Việt. わたしでもベトナム語を話す。
ガイー カー トイ クン ノイ ティエン ヴィエッ

こちらは，まわりのみんながベトナム語を話す，そしてわたしでさえもベトナム語を話す，という意味です。たとえば，「わたし」は外国語嫌いだ，でもみんなが「ベトナム語を話す」ので，外国語嫌いの「わたし」でさえも例外なく「ベトナム語を話す」ことを言い表わしています。ひとことで「強調」といっても，いろいろなニュアンスがあるのです。

このように名詞をふくらませる語を trợ từ「助詞」といいます。日本語の助詞といえば，まずは「てにをは」ですね。ベトナム語の助詞は名詞を強めたり，ふ

くらませる語です。

　さて，助詞にはもう 1 種類あって，こちらはまた別の役割を果たします。

Long uống bia.　ロンはビールを飲む。
　ロン　ウォン　ビア

DL14

次の文と見比べてください。

Long uống bia đi!　ロン，ビールを飲みなさい！
　ロン　ウォン　ビア　ディー

　文末の đi が気になりますね。ベトナム語は声調言語です。「ビールを飲みなさい」と命令するときに，イントネーションを変えることができません。そこで，気持ちを言い表わす役割を果たす語として，文末の助詞が多くあります。đi は命令や促しを示します。

Long uống nước ngọt nhé.　ロン，ジュースを飲みなさいね。
　ロン　ウォン　ヌオッ　ゴッ　ニェー

　まずは nước ngọt，意味は「ジュース」です。nhé は聞き手の注意をひく，また自分の要望に相手の同意を得るために親しみを込めて提案する役割です。こんなふうにやさしく提案されたら，いつもは黙って生ビールのロンもついつい同意してしまいます。使えるようになるととても便利な助詞です。

Long uống nước ngọt à?　ロン，ジュースを飲むの？
　ロン　ウォン　ヌオッ　ゴッ　アー

　à には「もっとはっきりさせたい，はっきりしておきたい」という気持ちが込められていて，さらに話し手が意外な感じを抱いていることもわかります。「いつもはビールなのに」「普段はジュース飲まないのに」という意外な気持ちを伝える役割，それが à です。親しい間柄で使います。

Long uống bia mà.　ロンは（もちろん）ビールを飲むでしょう。
　ロン　ウォン　ビア　マー

　この文は「これからの出来事」の「でしょう」ではなく，当たり前，当然のことを強調しています。mà が強調，肯定，叱責の役割を担います。ビール大好きのロンにジュースを勧めたひとへ，ロンは当然ビールですよ，と強く言っているのです。

─────────────────────
ポイント！　**助詞**

　　名詞をふくらませる，文末で文全体に「気持ち」を添える役割も
─────────────────────

(7) 介詞

いままで見てきたように，動詞と動詞，名詞と名詞，さらには性詞や副詞など
も同じ種類の語をそのまま並べることができます。

xe của Hoa　ホアの車
セー　クア　ホア

日本語の「の」に当たるのが của です。

sách tiếng Việt của Hakusuisha　　　　白水社のベトナム語の本
サッ　ティエン　ヴィエッ　クア　　　ハクスイシャ

DL 15

Hoa mua sách tiếng Việt Hakusuisha.　ホアは白水社のベトナム語の本を買う。
ホア　ムア　サッ　ティエン　ヴィエッ　　ハクスイシャ

せっかく理解した của なのに，2番目の例には出てきません。実は，所有や所
属を表わす của は，「あってもなくても意味が混乱しない場合は省略できる」の
です。たとえば，xe tôi なら，của がなくても「車」と「わたし」の関係は所有
者と物だと見抜けるからです。「ホアの車」も，xe Hoa と，của を省略するこ
とができます。

また，「わたしの母の車」は xe của mẹ tôi または xe mẹ tôi とするのが自然です。
これは，mẹ「母」と tôi の関係が，ベトナム人には「わたしの母」だと一発で
理解できるから，của を省略するのです。なお，mua は「買う」の意味です。

次の文を見て，để の役割を考えましょう。

Tôi đi Việt Nam để học tiếng Việt.
トイ　ディー　ヴィエッ　ナーム　デー　ホッ　ティエン　ヴィエッ
わたしはベトナム語を勉強するためにベトナムに行く。

để の前は「ベトナムに行く」ですね。後ろは「ベトナム語を勉強する」で，
これは「ベトナムに行く」ことの目的です。để に続く部分は，để の前に述べた
動作の目的を表わします。

所有や所属を表わす của，目的を表わす để などを giới từ「介詞」と呼びます。
語や文が並ぶときに，並ぶ部品どうしがどのような関係を持っているのかを示す
語です。介詞は，それ自身の意味も大切ですが，文の中での役割をきちんと知っ
ておくことが重要です。của は「の」，để は「ために」と意味だけを1対1で覚
えないようにしてください。ほかの介詞にも慣れましょう。

Hoa đi bằng xe đạp.　ホアは自転車で行く。
ホア　ディー　バン　セー　ダッ

　上の例でbằngの左右を見ると，左はHoa đi「ホアは行く」で，右にはxe đạp「自転車」があります。bằngは手段を表わす介詞です。bằngがなければ，次のようになります。

Hoa đi xe đạp.　ホアは自転車に乗る。
ホア　ディーセー　ダッ

điのあとに乗り物を示す語がつくと「乗る」の意味になります。この例もわかりやすいでしょう。

Tôi nói tiếng Việt.　　　わたしはベトナム語を話す。
トイ　ノイ　ティエン　ヴィエッ

Tôi nói bằng tiếng Việt.　わたしはベトナム語で話す。
トイ　ノイ　バン　ティエン　ヴィエッ

bằngがなければtiếng Việtは文の補語です。「ベトナム語を話す」になりますね。逆に，bằngがあればベトナム語は話すための手段です。何を話したのかは，この文からはわかりません。

　次の文で介詞を探してみましょう。

Hoa đi với mẹ.　ホアは母と一緒に行く。　　　　　　　　DL**16**
ホア　ディーヴォイ　メ

vớiは，「一緒に」を意味します。

　さて，この章の最初に見た文です。よく見比べると，介詞が浮かんできますね。

Tôi học ở Việt Nam.　わたしはベトナムで勉強する。
トイ　　ホッ　オー　ヴィエッ　ナーム

ởは場所を表わす役割を持つ語です。

Tôi thường ăn phở gà ở quán Hương Bình.
トイ　　トゥオン　　アン　フォー　ガー　オー　クアン　　フォン　　ビン
わたしはたいてい鶏肉フォーをフオン・ビンで食べる。

Hương Bìnhはフォー屋さんの名前です。ởのおかげで，フォーをどこの店で食べるのかを言うことができるようになりました。「ở ＋場所の名前」はとても便利な言いかたで，知っておけば表現がぐっと広がりますね。なお，quánは飲食店を意味します。

ポイント！ 介詞

　　語をつなぐ「介添え役」，意味よりも役割に注目，語順が大切

(8) 連詞

語と語を連結したり，文を連結したり，「連結」を知ると表現が豊かになります。ここでは，そんな連結役について一緒に考えます。

anh và em　あなたとわたし
アイン　ヴァー　エム

これは兄弟やとても親しい間柄で使う特別な，しかしとてもベトナム語らしい言いかたです。みなさんが実際に使う日はまだまだ先でしょうか。それはさておき，và を見てください。このように語と語を連結させる語を連詞と呼びます。

Tôi gặp Nam và Hoa.　わたしはナムとホアに会う。　**DL17**
トイ　ガッ　ナーム　ヴァー　ホア

gặp は「会う」の意味です。ナム「と」ホアは và を使って連結させます。và は並列の役割です。語だけでなく，文を連結させることもできます。

Tôi ăn chả giò và uống bia.　わたしは揚げ春巻きを食べ，ビールを飲む。
トイ　アン　チャー　ゾー　ヴァー　ウオン　ビア

次も文と文が結ばれています。前の例との違いを考えてみましょう。

Hoa học tiếng Nhật còn Long học tiếng Nga.
ホア　ホッ　ティエン　ニャッ　コン　ロン　ホッ　ティエン　ガー
ホアは日本語を勉強し，ロンはロシア語を勉強する。

còn の前後にふたつの事実があります。これから述べることが，その直前に述べたこととは異なる，コントラストの còn を使っています。厳密に訳すなら，「一方で」ですね。

ngon nhưng đắt　おいしいが値段が高い
ゴン　ニュン　ダッ

no mà ăn　　　おなかいっぱいなのに食べる
ノー　マー　アン

今度は nhưng や mà のように，左と右が逆の関係にある語を連結する逆接の連詞にも親しんでおきましょう。

nhưng と mà はともに逆接の語ですが，話し手の「意外に思う気持ち」は mà で表わすことが多いです。おなかいっぱいなら，ふつうはそれ以上食べませんね。しかし，例では「意外にも，ふつうではなく」もっと食べるので，mà を使います。上の文には，ngon「おいしい」，đắt「値段が高い」，no「満腹だ，おなかいっぱいになる」と，実用的な語が出てきていますね。

Hôm qua Hoa đi học, nhưng hôm nay Hoa nghỉ học.
<small>ホム　　クア　ホア ディー ホッ　　ニュン　　ホム　ナイー　ホア　ギー　ホッ</small>

昨日，ホアは勉強しに行ったが，今日は休む。

nghỉ は「休む」の意味です。nhưng の左右で意味が「勉強しに行く」「休む」と逆になっています。逆接ですね。

さて，連詞の組み合わせを知ると，ベトナム語らしい表現がふくらみます。いくつか見ておきましょう。 **DL 18**

Mặc dù trời mưa nhưng Nam đi học.　雨だが，ナムは勉強しに行く。
<small>マッ　ズー チョイ　ムア　　ニュン　　ナーム ディー ホッ</small>

Vì trời mưa nên Nam nghỉ học.　雨なのでナムは勉強を休む。
<small>ヴィー チョイ　ムア　ネン　ナーム　ギー　ホッ</small>

trời は「天気」，mưa は「雨が降っている」ことを意味する語です。文の構造を見てみると，上の文は【mặc dù 1 nhưng 2】のかたちで，1 なのに 2 だと逆接です。下の文は，まず「雨なので」と理由を先に述べ，「だから勉強を休む」と結果を言っています。これは【vì 原因・理由 nên 結果】のパターンです。

Nếu trời tốt thì Nam đi học.　もし天気がよければ，ナムは勉強しに行く。
<small>ネウ　チョイ　トッ ティー　ナーム ディー ホッ</small>

今度は条件や仮定を言い表わす文です。連詞の組み合わせとして，【nếu 条件・仮定 thì 結果または推測】も知っておきたいですね。

Nếu trời mưa thì Nam sẽ nghỉ học.　もし雨ならば，ナムは勉強を休むだろう。
<small>ネウ　チョイ　ムア　ティー　ナーム　セー　ギー　ホッ</small>

この文では「雨だとしたら」と仮定して，ナムが勉強を休むということを推測しています。tốt は「よい」の意味です。

ポイント！ **連詞**

語や文を連結させる，連詞の組み合わせも大切

---

(9) 代詞

今度はベトナム語の「こそあど」です。

Hoa mua sách này.　ホアはこの本を買う。
　ホア　ムア　サッ　ナイー

DL 19

này が「この」を表わす語です。「この本」は sách này で,「本」が先,「こそあど」が後という順番です。「こそあど」の区別は日本語と似ていて, 話し手や聞き手からの距離で使い分けます。話し手に近ければ này「この」ですね。話し手からも聞き手からも遠ければ kia「あの」です。ấy や đó「その」は話し手から遠く, 聞き手に近いものを指します。この3系列と疑問の nào「どの」を合わせて, ベトナム語の「こそあど」です。

Hoa mua sách nào?　ホアはどの本を買いますか。
　ホア　ムア　サッ　ナオ

nào も「こそあどは後」のルールに従って使います。この例では, 話し手と聞き手の間で, ある程度の選択肢が定まっています。双方が了解している答えの候補がいくつかあります。だからこそ「どの?」と聞けるのです。

Hoa mua sách gì?　ホアは何の本を買いますか。
　ホア　ムア　サッ　ジー

こちらは違いますね。何の本か, 前提知識や事前の了解はありません。また, 英語の wh- 疑問文で語順が変わるようなことは, ベトナム語ではありません。聞きたいものの位置に gì を入れたらよいのです。

Đây là phở gà.　これは鶏肉入りフォーです。
　ダイー　ラー　フォー　ガー

đây は「これ」です。「あれ」は「あの」と同じ kia を,「それ」は「その」を表わす đó を使います。なお,「その」には đó の他に ấy もありますが, ấy は文の主語として用いられることはあまりありません。

Long và Kim gặp ở đây.　ロンとキムはここで会う。
　ロン　ヴァー　キム　ガッ　オーダイー

場所について述べるときは別の「こそあど」です。「ここ」は đây,「そこ」は đấy や đó,「あそこ」は kia を使います。gặp は「会う」です。

Hoa đi đâu?　ホアはどこに行きますか。
　ホア　ディー　ダウ

場所を尋ねる疑問の代詞「どこ」は đâu です。

Tôi đọc sách.　わたしは本を読む。
トイ　ドッ　サッ

　今度は人称が出てきました。この tôi は 1 人称「わたし」を意味します。具体的に山田だとか，ナムだとか名前は言っていませんが，ともかく話し手本人のことです。では，2 人称の「あなた」はどうでしょうか。

Anh đọc sách./Chị đọc sách./Ông đọc sách./Bà đọc sách.
アイン　ドッ　サッ　　チ　ドッ　サッ　　オン　ドッ　サッ　　バー　ドッ　サッ
あなたは本を読む。

　いろいろ出てきました。しかしよく見れば，異なるのは最初の 1 語だけです。これらが「あなた」です。ベトナム語では「あなた」は相手の性別，年齢，自分との関係によって使い分けるのです。「あなた」に合わせて，「わたし」にもたくさんの語があります。上の例はすべて「わたしは本を読む」にもなります。同じ語が「あなた」にも「わたし」にもなるのです。

　人称を表わす語はもともと親族を指す名詞であったものが多いです。たとえば，anh は兄，chị は姉，ông は祖父，bà は祖母です。Anh đọc sách. は，男性が，自分の弟や妹，またはその世代にあたるひとと話すときに使う「わたしは本を読む」です。おばあさんが孫に向かって「わたしは本を読む」と言うなら，Bà đọc sách. です。同じ文でも，これを孫がおばあさんに言えば「あなたは本を読む」です。このように元の語の意味を知っておくと，使い分けがうまくできるようになります。

　「こそあど」のように物を指示する語，「わたし」「あなた」のような人称に関係する語をまとめて代詞と呼びます。「こそあど」は指示代詞，「わたし」などは人称代詞です。今度は「彼」「彼女」の言いかたを見てみましょう。

Hoa đi bưu điện. Chị ấy đi bằng xe đạp.
ホア　ディー　ブウ　ディエン　　チ　アイー　ディー　バン　セー　ダッ
ホアは郵便局に行く。彼女は自転車で行く。

　chị ấy が「彼女」だと見当がつきますね。chị はもともと「姉」の意味で，「あなた」を表わす 2 人称ですが，ấy は「こそあど」のひとつで，「その」を指します。つまり，ベトナム語の 3 人称は，人称代詞と指示代詞でできているのです。【3 人称＝2 人称＋ấy】なのですね。bưu điện は「郵便局」です。

(ポイント!) 代詞

　　指示代詞・人称代詞がある，疑問の代詞でも語順は不変

（10）数詞と類別詞

ものを数えたり，月日を言ったりするために必要なのが「数」です。ここでは，ベトナム語の「数」のお話をしましょう。

まずは，0から10までを見てみます。

DL 21

không 0	**một** 1	**hai** 2	**ba** 3	**bốn** 4	**năm** 5
コン	モッ	ハイ	バー	ボン	ナム

sáu 6	**bảy** 7	**tám** 8	**chín** 9	**mười** 10
サウ	バイー	ターム	チン	ムオイ

ゼロは，否定文や疑問文を作るときにでてきた không と同じものです。このような，数を表わす語を số từ「数詞」と呼びます。

ここまでをしっかり覚えたら，あとは自由自在です。11は mười một，12は mười hai ですから，どんどん数えられますね。ただ，次の3つの場合には注意が必要です。

15は mười lăm です。năm ではなく lăm です。【何十5の5は lăm】というルールがあります。20は hai mươi となります。mươi をよく見てください。10の mười と声調が違いますね。【20以上の何十何の十は mươi】を使います。

20の次は21。hai mươi mốt と言います。十の位は mười ではなく mươi ですね。その後の mốt に注目です。1は một なのに，ここでは mốt，声調が変わっています。【21以上の「何十1」の「1」は mốt】なのです。

では，確認してみましょう。25は何と言いますか。「20」の「十」の言いかたは大丈夫ですか。さらに何十5の5は…。チェックポイントをふたつクリアして，hai mươi lăm と言えたら正解！

今度は，もっと大きな数字の言いかたです。

「百」は trăm を使います。100は một trăm，200は hai trăm ですね。次の「千」は nghìn です。南部では ngàn と言います。3000は ba nghìn で，4500は bốn nghìn năm trăm ですね。

さて，10000は mười nghìn と言います。しくみが見えますか。「10千」になっていますね。ベトナム語では「万」の単位を使わずに，「千」を使って言い表わすことが多いです。では，25000は？ 「25千」で hai mươi lăm nghìn ですね。もうひと押し，100000はどうでしょう。ヒントは「100千」，答えは một trăm nghìn です。

次に新しい単位が出てくるのは「百万」で，triệu と言います。300万は ba

triệu，4千万は「40百万」ですから bốn mươi triệu，5億は「500百万」năm trăm triệu です。これがお金の話なら，と考えると気分が大きくなりますね。

さて，数字をマスターしたら，日付の言いかたにも親しんでおきましょう。

Hôm nay là ngày 20 tháng 10. 今日は10月20日です。 `DL 22`
ホム　ナイー　ラー　ガイー ハイムオイ ターン　ムオイ

hôm nay は「今日」の意味ですね。ngày は「日」，tháng は「月」を表わします。そこで，ngày 20 tháng 10 と日本語の「10月20日」を見比べると，月日の並びが逆になっていますね。ベトナム語では，日が先，月が後です。また，普段の生活では 20/10 のように短く書きます。「1月6日」は日付が一ケタなので，ゼロをつけて 06/1 と書きます。次の文はどうでしょう。

Tôi ở Việt Nam 20 ngày. わたしはベトナムに20日間滞在した。
トイ　オー ヴィエッ　ナーム ハイムオイ ガイー

ở は場所を表わす語について「～に，～で」を意味しますが，1語で「いる，存在する」の意味もあります。さて，20 ngày に注目してみましょう。「20日」は，その月の20日目の日という意味で ngày 20 ですね。しかし，語が入れ替わった 20 ngày では「20日間」の意味になります。ベトナム語では【単位＋数詞は順番】，【数詞＋単位は量】を表わすのです。

曜日を言うときには，順番をはっきり言い表わす thứ「～番目」を使います。

Hôm nay là ngày thứ 7. 今日は土曜日です。
ホム　ナイー　ラー　ガイー　トゥー バイー

土曜日が thứ 7「7番目」ですから，火曜日は「何番目」でしょうか。thứ 3 を使って ngày thứ 3 と言えばいいのですね。水曜日は要注意です。

Hôm nay là ngày thứ 4. 今日は水曜日です。
ホム　ナイー　ラー　ガイー　トゥー トゥー

なぜ注意するのか，それは4の読みかたが違うからです。4番目の4は bốn ではなく tư を使って，「水曜日」は ngày thứ tư です。

Hôm nay là chủ nhật, ngày mai là ngày thứ 2.
ホム　ナイー　ラー チュー　ニャッ　ガイー　マイ ラー　ガイー　トゥー ハイ
今日は日曜日で，明日は月曜日です。

「日曜日」は1週間のはじめの日ですが，chủ nhật という語を使います。月曜日は「2番目の日」で，そのまま ngày thứ 2 です。なお，ngày mai は「明日」の意味です。

数量を言い表わす方法を見れば，文の部品の点検も終了です。

Long nghỉ học 3 ngày.　ロンは3日間勉強を休んだ。
ロン　ギー　ホッ　バー　ガイー

DL23

この文の3 ngày「3日」をよく見てください。数字は普通にアラビア数字を使っていますね。数を表わすのは数詞です。数量を数えるときには，まず数詞，その後に日，月などの単位を表わす名詞を置きます。

Tôi đi Việt Nam 6 tháng.　わたしは6ヶ月間ベトナムへ行く。
トイ　ディーヴィエッ　ナーム　サウ　ターン

6 tháng は「6ヶ月」です。では，部品の順番を入れ替えて，tháng 6 を考えてみましょう。次の文を見てください。

Tháng 6 tôi đi Việt Nam.　わたしは6月にベトナムへ行く。
ターン　サウ トイ ディーヴィエッ　ナーム

tháng 6 で「6月」になりました。単位名詞が先，数詞が後の場合は「～番目」と言う順序を言い表わします。6番目の月で，6月という意味です。

では確認のクイズです。

9 tháng 10 ngày は？

「9月10日」ではありません。「9ヶ月と10日間」という意味です。日本語では同じことを「十月十日（とつきとおか）」と表わします。以前，この話を授業中にしたとき，学生が「ベトナムは気温が高いから赤ちゃんも早く育つのですか」と聞いてきました。もちろん冗談でしょうけれど，数えかたの問題です。

> **ポイント！** **数詞**
>
> 数詞+単位名詞は量，単位名詞+数詞は順序

数詞との関連で忘れられないのが類別詞です。

2 con mèo　2匹の猫　　**3 cái đồng hồ**　3個の時計
ハイ コン　メオ　　　　　　バー カイ　　ドン　　ホー

ベトナム語で物を数えるときに，日本語と同じように「個」とか「匹」のような単位が必要です。数詞と，mèo「猫」や đồng hồ「時計」の間には単位を表わす語が見えますね。ベトナム語では名詞の前に，それが「どんなものなのか」，種類を区別したうえで，区別ごとに異なる語をつけます。このように種類を区別する語を類別詞と呼びます。

まずは，生きものか，生きていないものかに大きく分けて，con か cái をつけ

ます。例を見れば con は生物，cái は無生物だとわかりますね。特徴のとらえかたや区別のしかたによって，いろいろな類別詞がつきます。

viên thuốc 薬　**viên kẹo** キャンディー
ヴィエン　トゥオック　　ヴィエン　ケオ

viên は丸いかたちのものを区別します。苦くても甘くても，丸いものだから viên です。

quyển sách 本　**quyển từ điển** 辞書
クィエン　サッ　　クィエン　トゥー　ディエン

quyển は冊子状のものを区別する類別詞です。とても面白いのは，ひとつの名詞にひとつの類別詞とは限らないことです。

たとえば，bút máy「万年筆」は無生物なので cái を使って cái bút máy といえる一方で，cây bút máy という表現もあります。cây は本来「木」を意味する語で，万年筆のように1本，2本と棒状のものを区別する語になりました。また，1 chai bia は「瓶ビール1本」，1 lon bia は「缶ビール1缶」です。中身はビールですが，その容器の形状や特質によって瓶なら chai，缶なら lon を使い分けます。

最後に名詞を中心にして，語を並べる順番を点検しておきましょう。

2 con mèo đen này この黒い猫2匹
ハイ　コン　メオ　デン　ナイー

まずは数量を言います。2ですね。その次に con mèo（類別詞＋名詞）です。修飾語は後ろからの原則があるので，性詞と指示代詞が名詞の後ろに来ます。

DL 24

Long đã uống 3 chai nước ngọt này. ロンはジュースを3本飲んだ。
ロン　ダー　ウオン　バー　チャイ　ヌオッ　ゴッ　ナイー

nước ngọt は「ジュース」です。つくりを見ると nước「水」と ngọt「甘い」でできています。また，類別詞は chai なので，ジュースが瓶入りであることがわかります。

ポイント！ 語の並べかた

数詞＋類別詞＋名詞＋性詞＋指示代詞

ここまで，ベトナム語の文を構成する部品を眺めてきました。日本語とよく似たものはもちろん，かなり違う部品も出てきました。この「違い」を楽しんでいたら，もうベトナム語に魅せられている証拠ですよ！

短い「イ」と長い「イ」

　わたしたちがベトナム語を学ぶとき，普通は文字から入ります。この本を買って，先に音声ファイルを全部聞いて音の「全体像」を見渡して（「聞き」渡して？）からおもむろに読みだす，という方はあまりいないでしょう。だから，「どうつづるのか」はさほど大きな問題にはなりません。しかし，ベトナム人には「どうつづるのか」は常に問題です。

Bác sĩ Hoa quản lý khoa X quang.
バッ スィー ホア　　クアン　リー　　コア　イクス　クアン
ホア医師は放射線科を管理運営する。

　ここでは「音は同じ」で「つづりが違う」i と y を見てみましょう。現在，ベトナム政府は quản lý〈管理〉の lý などの y を i で書くことをルール化し，教科書や辞書での使用を強く推進しています。試しに辞書で quản lý を引くと，quản lí を見るように誘導されます。ただし，「このルールの徹底を協議する席で配布された印刷物に quản lý とつづられていた」という冗談みたいな噂もあり，ことは単純ではありません。他方，bác sĩ「医師」はもともと i で書きます。

Ca sĩ Mỹ Linh đi Ý, ăn mì Ý.
カースィー ミー　　リン ディーイー アン ミー イー
歌手ミー・リンはイタリアに行き，パスタを食べた。

　ミー・リンの Mỹ は y，「麺」を意味する mì は i，Ý「イタリア」は y…。何かルールがありそうです。まず，漢越語では y が好まれます。同じ「ミー」でもミー・リンは〈美鈴〉の読みですから y，Ý「イタリア」〈意〉も同様, mì「麺」はベトナム語なので i ということです。では,「医師」の bác sĩ〈博士〉は？　漢越語の中にも語頭の子音が m-, t-, l-, k- なら y で，それ以外は i で，さらに 1 文字なら y で（「イタリア」など），と細かい法則があります。sĩ は s- ですから，漢越語だけど i を使います。

　街の看板や，最近のトレンドを見ると，「i への統一」とは逆に，bác sỹ とか bánh mỳ「パン」など y の多用が目立ちます。y のほうが「丁寧な感じがする」なんて意見も聞きます。Lê Văn Sĩ 通りを歩いてみると，看板や住所表記は Lê Văn Sĩ も Lê Văn Sỹ も混ざっていて，Sỹ が
シー　　バイン ミー
レー ヴァン スィー
レー ヴァン スィー

より多い感じさえします。また，徹底して i を使うひともいて，このひとたちは Tôi làm việc ở công ti Mĩ.「わたしはアメリカの会社で働く」なんて書いています。一般的には công ty や Mỹ と書くので，新鮮な感じがしますね。

　この本の表記も慣用にしたがっています。多くのベトナム人にとって，quản lí よりは quản lý が，bác sỹ よりは bác sĩ が「自然な」ベトナム語表記だと考えられるからです

　なお，ベトナム人は i を i ngắn「短いイ」，y を y dài「長いイ」と区別します。

ホーチミン市のレー・ヴァン・スィー通りにて

短い i の Lê Văn Sĩ と長い y の Lê Văn Sỹ，ふたつの表記法が 1 枚の写真で楽しめます！

47

第3章

文の骨組み

（1）ベトナム語の文

　この章では，どんな部品が文でどのような役割を果たすのかを見ながら，ベトナム語の文の骨組みを考えていきます。

Tôi đi Việt Nam.　わたしはベトナムに行く。　　　`DL 25`
トイ　ディー ヴィエッ　ナーム

　部品の種類については第2章で確認しました。tôi は人称を表わす代詞，đi は動詞，Việt Nam は名詞ですね。

　語と語が結びついて文になります。逆に文から見てみると，ひとつひとつの語は文を支えている部品です。語がどんな役割を果たすのかを考えることが大切です。

　上の例文で，tôi は文の主語で，đi は述語です。Việt Nam は đi の対象を述べている，別の言いかたをすれば「行き先」を述べている語です。ベトナム語では補語といい，動詞に動作の対象などを補う語です。

Long uống sô đa chanh.　ロンはライムソーダを飲む。
ロン　　ウオン　ソー ダー チャイン

　sô đa は「炭酸水」，chanh は「ライム」です。sô đa chanh はベトナム人が大好きな飲みもの「ライムソーダ」の意味です。これで，Long は主語，uống「飲む」は動詞で述語，とすんなり飲み込めますね。

　では sô đa chanh はどんな役割なのか。英語学習の経験を振り返ると目的語だなと感じますが，ベトナム語ではやはり補語なのです。「何を飲むのか」と飲む対象を補う働きを演じているので補語，ということになります。

> **ポイント！**　**ベトナム語の骨組み**
>
> 　　3大要素は主語・述語・補語
> 　　補語は「動作の対象」を表わす

　次の文も見てください。

Chị ấy khỏe.　彼女は元気だ。
チ　アイー　コエ

この文では主語は chị ấy，述語は khỏe です。文の骨組みで述語の役割を担っている khỏe は，部品としては性詞です。

話を少し深めてみましょう。

まず，ベトナム語でも，日本語でも有名な，次の例文を見てください。

Voi vòi dài.　象は鼻が長い。
ヴォイ　ヴォイ　ザイ

文の主語は？　これは難題ですね。voi「象」が長いわけではないですし，vòi「鼻」は長いけれど，そうすると voi は何の役割なのか，不思議な気持ちになります。

この文では voi は「これから象について述べますが」や「象についていえば」と，話題を明らかにしています。話題を明らかにしたうえで，vòi は主語，dài は主語の性質を述べる述語という骨組みです。話題を明らかにする部分を「主題」と呼びます。

では，練習のためにもうひとつ見ておきましょう。

Sách này tôi viết.　この本はわたしが書いた。
サッ　ナイー　トイ　ヴィエッ

この文で主語と述語はどれですか。主語は tôi です。sách này が文の骨組みで果たす役割は「話題の提示」ですね。そして tôi viết「わたしが書く」が「主語・述語」の関係になっているのです。

次も見てください。

Sách này tôi mua.　この本はわたしが買った。
サッ　ナイー　トイ　ムア

主題は「この本」です。tôi viết や tôi mua のような部分に具体的な情報を述べる部分は「題述部」と呼ばれることが多いようです。

さて，Sách này tôi viết. の日本語訳を見ると「書いた」になっています。ベトナム語の文には「た」をイメージする語がありません。これは，話し手と聞き手の間で相互理解ができていれば，時を表わす語は特に不要だからです。上の例文では，実際に「この本」を前にして話しています。「この本」はすでに出版されて，「本」のかたちになっているのですから，「書いた」事実は過去の事柄であることが明らかです。何もなくても，伝わっています。

(2) 動詞が述語の文

今まで説明してきたように，動詞が述語の文はたくさんあります。

Tôi nghe. わたしは聞く。 DL 26
トイ　ゲー

tôi が「わたし」，nghe が「聞く」。主語＋述語の骨組みが見えます。「何を聞く」
のか，下の例も考えてみましょう。

Tôi nghe nhạc cổ điển. わたしはクラシック音楽を聞く。
トイ　ゲー　ニャッ　コー　ディエン

この文では nhạc cổ điển「クラシック音楽」が，「聞く」動作の中身を述べて
いるので補語の役割を果たしています。語順は主語＋述語＋補語です。

次は，否定文を見てみましょう。

Tôi không nghe. わたしは聞かない。
トイ　コン　ゲー

không は否定文を作る打ち消しの語です。では，không を置く場所を考えて
みます。

Tôi không nghe nhạc cổ điển. わたしはクラシック音楽を聞かない。
トイ　コン　ゲー　ニャッ　コー　ディエン

補語があっても，やはり打ち消しの語は動詞の直前です。

いろいろなパターンで確認しておきましょう。

Tôi thích nghe nhạc cổ điển. わたしはクラシック音楽を聞くのが好きだ。
トイ　ティッ　ゲー　ニャッ　コー　ディエン

thích と nghe はともに動詞で，動詞と動詞がかたちを変えずにそのままつな
がるのはすでに説明したとおりです。

Tôi không thích nghe nhạc cổ điển.
トイ　コン　ティッ　ゲー　ニャッ　コー　ディエン
わたしはクラシック音楽を聞くのが好きではない。

このように本動詞の thích の直前に không を置きます。

今度は疑問文の骨組みを見てみます。 DL 27

Long xem. ロンは見る。　　**Long có xem không?** ロンは見ますか。
ロン　セム　　　　　　　　　　　ロン　コー　セム　コン

この文では xem「見る」が có と không に挟まれていますね。挟みこみのルー
ルを見極めましょう。

Long có xem tivi không? ロンはテレビを見ますか。
<small>ロン　コー　セム ティーヴィー　コン</small>

tivi は発音すれば意味がわかりますね。テレビです。文では，「何を見る」のか，「見る」動作の中身を述べているので補語の役割ですね。補語がなくても，また tivi のような補語があっても，挟みこみは同じかたちです。có を動詞の前に，không を文末に置きます。

ポイント! 動詞述語文

主語＋述語の動詞＋補語など，否定は không ＋動詞
疑問は主語＋ có ＋述語の動詞（＋補語など）＋ không?

実際の会話では，親しい間柄で có は省略されることもあります。

Long xem tivi không? ロンはテレビを見ますか。
<small>ロン　　セム ティーヴィー　コン</small>

なお，文末の助詞は，「文末」なので当然ですが，không の後に置きます。

Long có xem tivi không ạ? ロンはテレビを見ますか。
<small>ロン　コー　セム ティーヴィー　コン　ア</small>

ạ は丁寧さや敬意を添える文末の助詞です。最後にこんなかたちも見ておきましょう。

Long xem tivi, phải không? ロンはテレビを見るのですね。
<small>ロン　　セム ティーヴィー　ファイ　　コン</small>

普通の文の後に 'phải không?' を付けて「〜ですね」と相手に確認する文を作ることができます。

Bạn thích đọc sách tiếng Việt, phải không?
<small>バン　ティッ　ドッ　サッ　ティエン ヴィエッ　ファイ　　コン</small>
あなたはベトナム語の本を読むのが好きですね。

ベトナム語の Vâng.「はい」，または Không.「いいえ」で答えましょう。

Vâng, tôi thích. はい，好きです。
<small>ヴァン　トイ　ティッ</small>

念のために「好きではない」の方も見ておきます。

Không, tôi không thích. いいえ，好きではありません。
<small>コン　トイ　コン　ティッ</small>

これはあくまで答えかたの練習，だといいのですが...。

(3) 名詞が述語の文

主語の後に動詞をそのまま置くと，その動詞が文の述語になります。

Tôi hát. わたしは歌う。
トイ ハーッ

Tôi hát dân ca Việt Nam. わたしはベトナム民謡を歌う。
トイ ハーッ ザン カー ヴィエッ ナーム

hát は「歌う」，次の dân ca は「民謡」の意味です。このようにベトナム語では語を並べていけば文になり，動詞も述語になります。他に述語になる部品はないのでしょうか。

Tôi là ca sĩ. わたしは歌手だ。
トイ ラー カー スィー

ca sĩ は「歌手」を意味する名詞で，文中での役割は述語です。

この文には今まで見たことのない部品があります。là です。名詞が述語になるときには，新たに là という部品が必要なのです。主語の後に名詞をそのまま置くのではなく，là という「つなぎの部品」を使います。

Tôi là người Việt Nam. わたしはベトナム人だ。
トイ ラー グオイ ヴィエッ ナーム

Đây là Long. こちらはロンです。
ダイー ラー ロン

là はいろいろな場面で出てきますね。

là の部品名をどうするかについては，ベトナム語研究に関わるひとたちが激論を交わしてきました。たとえば，"Từ điển tiếng Việt"『ベトナム語辞典』には「特別動詞」と記されています。見慣れない部品名だな，là のほかにどんな語が特別動詞なのかと気になって，「特別動詞」を同じ辞書で引いてみると，そういう見出し語はなく，凡例にもありません！ ただし，文法研究者の間では「繋詞」という呼びかたが定着しています。文字通り「繋ぐ語」という意味ですね。
けいし

ポイント！ 名詞述語文

名詞述語文では主語と述語の間に là を置く

「主語 + là + 述語」の文では，là を挟んだ左右が「同一」です。上の例では，tôi ＝歌手といえます。イコールですが，左右の入れ替えはどうでしょうか。

Ca sĩ là tôi. 歌手はわたしだ。(印は文法的に間違った文を表わします)

この文は一般的には誤りです。歌手は「わたし」ひとりだけではありませんね。là の左側にあるものに関して，右側部分に特徴や性質などを言い表わす名詞を置く，という骨組みです。したがって，là を挟んで右側の方により大きな区分や特徴を表わす語を置くようにします。

Hà Nội là thủ đô nước Cộng hoà Xã hội Chủ nghĩa Việt Nam.
ハー ノイ ラー トゥー ドー ヌオッ コン ホア サー ホイ チュー ギア ヴィエッ ナーム
ハノイはベトナム社会主義共和国の首都だ。

Thủ đô nước Cộng hoà Xã hội Chủ nghĩa Việt Nam là Hà Nội.
トゥー ドー ヌオッ コン ホア サー ホイ チュー ギア ヴィエッ ナーム ラー ハー ノイ
ベトナム社会主義共和国の首都はハノイだ。

このケースは là の左右が入れ替え可能です。thủ đô は「首都」です。ベトナムの首都＝ハノイは，「ひとつしかない組み合わせ」です。この場合は入れ替えてもいいのです。ただし，上の文はハノイという都市についての説明，下の文は「首都はどこか」について述べた文で，意味がまったく同じということではありません。

さて，国名も見ておきましょう。nước は「水」や「国」です。cộng hòa は〈共和〉，xã hội chủ nghĩa は〈社会主義〉と，それぞれ漢語由来の語です。これでベトナムの正式国名がわかりましたね。

Tôi không phải là ca sĩ. わたしは歌手ではない。
トイ コン ファイ ラー カー スィー

là はもともと左右が同一であることを示す語で，否定文，すなわち同一ではないことを言い表わすことには馴染まない語です。そこで打ち消すときには không だけではなく，phải「まさにそうである，その通り」の力を借りて，không phải là のかたちにします。

Chị ấy có phải là ca sĩ không? 彼女は歌手ですか。
チ アイー コー ファイ ラー カー スィー コン

疑問文を作るときにも phải を使って，「まさにその通りですか」と尋ねます。

ポイント！ 名詞述語文の否定と疑問

否定は主語＋ không phải là ＋述語

疑問は主語＋ có phải là ＋述語＋ không?

---

(4) 性詞が述語の文

ここまで来ると，là は英語の be 動詞と同じかな？という感じがします。

Tôi ở Hà Nội.　わたしはハノイにいる。 DL29
トイ　オー　ハー　ノイ

存在を表わす文では là ではなく，動詞 ở「いる，ある」を使います。ở は存在を表わす動詞で，場所について述べる介詞でもあります。また，性質や状態を述べる文でも là は用いません。

ここでは，性詞が述語になる文を考えていきます。

Nam khỏe.　ナムは元気だ。
ナーム　コエ

先ほど là を見ました。là の左右が同じだ，イコールだ，という思いが強すぎると，「ナムは元気だ」をベトナム語に訳するときに，ついつい次のようなミスをしてしまいます。

*Nam là khỏe.

ひとや物事の性質，状態を述べるときには，性詞をそのまま述語の位置に置けばいいのです。là で繋ぐ作業は不要です。打ち消しも見ておきましょう。

Nam không khỏe.　ナムは元気でない。
ナーム　コン　コエ

khỏe「元気だ」のすぐ前に không があります。動詞述語文や名詞述語文でも出てきた，打ち消しの語です。打ち消したい性詞の直前に không を置けば，否定文のできあがりです。

Nam có khỏe không?　ナムは元気ですか。
ナーム　コー　コエ　コン

「元気ですか」のように尋ねる文を作るときには，có と không? で性詞を挟みこみます。

> **ポイント!** 性詞述語文
>
> そのまま並べる
> 否定は không ＋性詞
> 疑問は主語＋ có ＋性詞＋ không?

　動詞が述語の疑問文と同様に，実際の会話では，親しい間柄で có は省略されることもあります。

Long khỏe không? 　　　ロンは元気ですか。
ロン　コエ　　コン

Nam không khỏe lắm. ナムはあまり元気ではない。
ナーム　コン　コエ　ラム

　今度は程度を表わす副詞との組み合わせを見ておきます。lắm は程度が著しいことを表わしますが，không との組み合わせになると，「あまり〜ではない」のように，程度が弱いことを表現します。

Long không khỏe lắm, phải không? 　ロンはあまり元気ではないのですね。
ロン　コン　コエ　ラム　ファイ　コン

　'phải không?' のかたちを使って，ロンがあまり元気でないことを確認する文ができました。

　次の例はどうですか。

Không phải là Nam không khỏe. ナムが元気でないということではない。
コン　ファイ　ラー　ナーム　コン　コエ

　この文が Không phải là が Nam 以下全体を否定しています。骨組みをしっかり見ておきましょう。

　上の言いかたは二重否定と呼ばれるかたちで，ナムが元気であることを強調したり，逆にあまり元気ではないことを婉曲に表現したりできます。

Nam đâu có khỏe. ナムは全然元気ではない。
ナーム　ダウ　コ　コエ

　khỏe の前に đâu có とあり，これは強い打ち消し「全然〜ない」を表すかたちです。

Nam không khỏe đâu. ナムは元気なんかじゃない。
ナーム　コン　コエ　ダウ

　今度は文末の đâu を見てください。先ほど同じ đâu ですが，このように không と đâu で打ち消したい事柄を挟みこんで使っています。「ナムは元気だ」と言う相手に対して反論することができます。

　どちらもベトナム人の日常会話でよく使われる表現です。

(5) 疑問の代詞を使った疑問文

疑問の代詞はとても使い勝手がよい語です。次の2文を見比べてみましょう。

Long uống gì?　ロンは何を飲みますか。
　ロン　　ウオン　ジー

DL 30

Long uống sô đa chanh.　ロンはライムソーダを飲みます。
　ロン　　ウオン　ソー　ダー　チャイン

「何を」に対する答えが sô đa chanh です。逆に，「何を」を尋ねたいときには，文の補語の場所にそのまま gì「何」という疑問の代詞を入れたらよいのです。では，ライムソーダを飲んでいるのが誰かを尋ねたいときはどうしますか。「誰」は疑問の代詞 ai を使います。

Ai uống sô đa chanh?　誰がライムソーダを飲みますか。
　アイ　ウオン　ソー　ダー　チャイン

Long uống sô đa chanh với ai?　ロンは誰とライムソーダを飲みますか。
　ロン　　ウオン　ソー　ダー　チャイン　ヴォイ　アイ

với は「〜と一緒に」を表わす語でしたね。疑問の代詞と合わせて使えば，このように表現が広がります。

Long làm gì với ai?　ロンは誰と何をしているのですか。
　ロン　ラム　ジー　ヴォイ　アイ

làm は日本語の「する」に当たる便利な動詞で，その後の gì はもうおわかりですね。このようにひとつの文に複数の疑問の代詞が出てきてもよいのです。
　だんだん調子が上がってきました。あとは疑問の代詞を増やしていくだけです。

Tại sao Long học tiếng Nhật?　なぜロンは日本語を勉強しますか。
　タイ　サオ　ロン　ホッ　ティエン　ニャッ

この文では tại sao「なぜ」を使って原因や理由を尋ねています。
　さて，聞きたい事柄の位置に疑問の代詞を入れたらよいのはわかりましたが，次の例は要注意です。

Khi nào Long đi Nhật Bản?　ロンはいつ日本に行きますか。
　キー　ナオ　ロン　ディー　ニャッ　バーン

DL 31

Long đi Nhật Bản khi nào?　ロンはいつ日本に行きましたか。
　ロン　ディー　ニャッ　バーン　キー　ナオ

Nhật Bản は「日本」の意味です。前に tiếng「ことば」がついて tiếng Nhật は「日本語」，người「ひと」がついた người Nhật は「日本人」。国名の「日本」

は Nhật Bản で表わし，「日本語」や「日本人」と言うときには Nhật の１音節を用いるのがふつうです。また，Việt Nam「ベトナム」も同様に tiếng Việt「ベトナム語」，người Việt「ベトナム人」という言いかたがあります。このルールは，いままで見てきたとおりで，もちろん日本やベトナム以外の他の国名，言語，ひとを言うときも同じです。

　文を作っている部品の「顔ぶれ」は同じですが，並びかたが違います。khi nào は「いつ」を尋ねる語です。どこにあるかが重要です。文頭にあればこれからの出来事について「いつですか」と尋ね，文末にあれば過去の出来事について「いつでしたか」と尋ねることになります。

Khi nào Long sẽ đi Nhật Bản?　ロンはいつ日本に行きますか。
キー　ナオ　ロン　セーディー　ニャッ　バーン

Long đã đi Nhật Bản khi nào?　ロンはいつ日本に行きましたか。
ロン　ダーディー　ニャッ　バーン　キー　ナオ

đã や sẽ のような副詞を組み合わせて使うこともできます。副詞があってもなくても，khi nào の位置は「これからの出来事なら文頭」「過去のことなら文末」のルール通りです。

　最後に３連発，これで確認もおしまいです。

(1) **Long đi Nhật Bản tháng mấy?**　ロンは何月に日本に行きましたか。
ロン　ディー　ニャッ　バーン　ターン　マイー

(2) **Tháng mấy Long đi Nhật Bản?**　ロンは何月に日本に行きますか。
ターン　マイー　ロン　ディー　ニャッ　バーン

(3) **Long đi Nhật Bản mấy tháng?**　ロンは何ヶ月日本に行きますか(行きましたか)。
ロン　ディー　ニャッ　バーン　マイー　ターン

tháng は「月」，mấy は数量を尋ねる疑問の代詞です。(1)(2) と (3) を比べましょう。数詞と単位名詞の順番は要注意ですね。(1) と (2) の違いは先ほどの説明のとおりです。(3) のような時間の長さについての語句は，もう過ぎた出来事，これからの出来事のどちらを述べるにしても，文末であることが多いです。

　これで，音の骨組み，文の部品，文の骨組みと，ベトナム語の全体像をすっかり眺めることができました。あとはそれぞれを広げたり，掘り下げたりと，楽しい旅はまだまだ続きます。

cũng の位置

「も」を意味する cũng はいろいろな場面で使う語ですね。しかし，文中での位置を間違える学習者が多いので，文法練習や小テストなどで頻繁に取り上げられます。

Long đi làm việc. Tôi cũng đi làm việc.
ロン ディー ラム ヴィエッ トイ クン ディー ラム ヴィエッ
ロンは仕事に行く。わたしも仕事に行く。

この文の cũng は特に問題ないですね。動詞 đi「行く」の直前に cũng を置きます。

Ngày nào tôi cũng đi làm việc.　わたしはどんな日も仕事に行く。
ガイー ナオ トイ クン ディー ラム ヴィエッ

順に見ていきましょう。【名詞 nào cũng～】は「どんな名詞も～だ」の決まった言いかたです。ここでは名詞が ngày「日」ですから，「どんな日も」の意味になります。訳は「毎日」とすれば日本語としてこなれた感じがします。

では，「わたしは明日も仕事に行く」と「明日はわたしも仕事に行く」はどうでしょう。

Ngày mai tôi cũng đi làm việc.
ガイー マイ トイ クン ディー ラム ヴィエッ

上の文で両方の意味を表わせます。どちらの意味になるのかは前後の文脈でわかります。主語の tôi がなく，Ngày mai cũng đi làm việc. だけなら「明日も仕事に行く」になります。また，「変わらずに」を意味する vẫn を使った Ngày mai tôi vẫn đi làm việc.「わたしは明日も仕事に行く」なら，「明日は休日だけど」とか「雨にもかかわらず」，明日「も」行くというニュアンスを出すことができます。

【nào cũng～】を含む「決まった言い回し」として，Thế nào cũng được.「どうでもいい」と Cái nào cũng được.「どっちでもいい」のふたつがあります。
テー ナオ
クン ドゥオッ カイ ナオ クン ドゥオッ

バイクを買ったら洗いましょう

　ホーチミン市に住む知人が「新しいバイクを買ったので rửa しなければ」とレストランを探していました。「何人呼ぶの？　お金もかかるね」とわたし。rửa は「洗う」ですから，みなさんは「新車なのになぜ洗車するのか。なぜレストランで」と不思議に感じるかもしれませんね。

　rửa には食器や車，顔などを「洗う」のほかに，rửa hình「写真を現像する」，そして rửa tội「洗礼する」の用法もあります。tội〈罪〉を洗うので「洗礼」というのはわかりやすいですね。さらに，「新しいものを入手したらみんなにお披露目し，一席設ける」という意味もあります。わたしは「新しいものを清めるとかお祓いする」から rửa を使うのかなあと思いながら，気になったので語源を調べてみました。

　これは，もともとは軍人が使っていた語でした。軍人が部隊で昇任するときに，新しい階級章をもらうまえに，今まで身に着けていた階級章を一度きれいに洗います。その後に新しい階級章を付けて，改めて佩用します。階級章を洗うことを rửa lon と呼びます。lon はフランス語の galon「階級章」に由来しています。新たに増えた階級章を付け，ビールやシャンパンを仲間に振舞いながら，自分の昇任をお披露目したそうです。

　時は流れて，21世紀のホーチミン市では誰でも，何でも rửa してしまいます。家を新築したら rửa nhà（nhà「家」），スマホを機種変更したら rửa điện thoại（điện thoại「電話」）。新車なら rửa xe（xe「車」），新しい食器なら rửa chén（chén「食器」）。しかし，ベトナム人は笑ってくれません。

　お披露目なので，飲み代は招待する側の負担であることが重要です。

　念のために自衛官の知人に「昇任のときに階級章を洗いましたか」と確認してみました。「自衛隊にはそういう風習はない」との由。

　みなさんも新しい本（sách）を買ったことを祝して rửa sách，いかがでしょうか。

　なお，この rửa は南部で使われる用法なので，コラム内のルビも南部方言に合わせました。

第 2 部

ベトナム語の広がり

第 1 章

「動き」を広げる 〜動詞を使った表現を広げる

（1）大切なのは「いつ」よりも「動きの様子」

まずは例文を見てください。

Tôi đi Hà Nội. `DL 32`

隣に日本語訳がありませんね。この文は，「わたしはハノイに行く」であり，「ハノイに行った」であり，そして「（将来）ハノイに行く」でもあるのです。ベトナム語では過去・現在・未来のような時制を特別に意識する必要はありません。もちろん，時制で語のかたちが変わらないのは，すでに見てきたとおりです。その文が話される文脈，前後の関係で当事者同士がただしく理解しあえるのです。

Hôm qua tôi đi Hà Nội. 昨日，わたしはハノイに行った。
Ngày mai tôi đi Hà Nội. 明日，わたしはハノイに行く。

hôm qua が「昨日」，ngày mai は「明日」の意味です。このように，具体的な「時」を表わす語を使えば，ハノイに行くのは「いつなのか」がはっきりわかります。次の例を見てください。

Hôm qua tôi đã đi Hà Nội. 昨日，わたしはハノイに行った。
Tôi đã đi Hà Nội. わたしはハノイに行った。

2 番目の文には，hôm qua のように具体的な時を表わす語はありませんが，đã によって「もうすでに」行ったことがわかります。đã は，動詞の前についてその動きがすでに始まったことを示します。

Ngày mai tôi sẽ đến Hà Nội. 明日，わたしはハノイに着く。

ここでは sẽ に着目しましょう。日本語訳には差が出ていませんが，ベトナム語表現では重要な役割を担っている部品です。sẽ は動詞の前について，その動きが「これから起こる」ことを示します。話している時点ではその動きは始まっていないのです。đến は「到着する」です。

Tôi sẽ đi Hà Nội. わたしはハノイに行く。

sẽ がついているので，đi Hà Nội「ハノイに行く」という動きはまだ始まっていないとわかります。

Tôi sắp đi Hà Nội.　わたしはもうすぐハノイに行く。

sắp は「もうすぐ」を表わします。sẽ は漠然としていますが，sắp は「すぐこれから起こること，もうすぐ始まる」ことを表わします。

*Ngày mai tôi sắp đi Hà Nội.

sắp は「もうすぐ，かなり近い将来」を意味する語です。特定こそしていませんが，明確に「もうすぐ」と言っています。したがって，ngày mai「明日」のように具体的な「時」を意味する語とは一緒に使えません。「時」が重複してしまいます。

Long đang làm gì?　ロンは何をしていますか。
Long đang học tiếng Nhật.　ロンは日本語を勉強しています。

đang は動詞の前について，動きが継続していること，そして完結してないことを表わします。この例文では，ロンの「日本語を勉強する」動きが続いている，まだ終わっていないことが đang によってわかりますね。đang học tiếng Nhật は「日本語を勉強している最中」です。

　このように，ベトナム語では，「ある時点」で動きが「いつ」起こるのか（または起こったのか）という時制よりも，動きが「もう始まっているのか」「これから始まるのか」「もう終わっているのか」「まだ終わっていないのか」，そして「持続しているのか」といった，いわば「動きの様子」が重要です。

･･
ポイント!　　「いつ」よりも「動きがどういう様子なのか」が重要
･･

Giờ này ngày mai tôi đã đến Sài Gòn.

明日のこの時間，わたしはサイゴンに到着している。

　「ある時点」は必ずしも「今」とはかぎりません。この「ある時点」を，たとえば giờ này ngày mai「明日のこの時間」と設定すれば，未来の事柄についても đã を使うことができます。「明日のこの時間」が基準で，その時点から見れば「もう到着した」という文です。「明日のこの時間」は今から見ると未来ですが，「いつなのか」よりは「動きの様子」を示すことが大切です。「đã は過去を表わす部品」「sẽ は未来の部品」と思い込まないようにしましょう。

今度は，動作が継続しているかどうかについて，詳しく見てみましょう。

Hoa còn ngủ. ホアはまだ寝ている。

còn は動詞の前について，その動きが「すでに始まり，まだ終わっていない」ことを表わします。ngủ は「寝る，眠る」ですから，この文は，ホアが「まだ起きずに寝ている」の意味です。

Hoa vẫn ngủ. ホアはまだ寝ている。

vẫn がついた ngủ は「まだ寝ている」ことには変わらないのですが，話し手の判断が異なります。「いつもなら7時に起きるのに9時になってもまだ寝ている」とか，「周囲がうるさくて，目が覚めるのが普通なのに，平然と寝ている」のように，vẫn は「本来は動きが変化しているべきなのに，その動きが継続している」様子を表わします。

Hoa còn đang ngủ. ホアはまだ寝続けている。

この文のように còn や vẫn と đang を組み合わせて「ずっと寝続けている」ことを強調することもできます。vẫn còn や vẫn còn đang のかたちもあります。

Anh ấy vẫn còn đang yêu Hoa. 彼は依然としてホアを愛し続けている。

anh ấy は3人称の代詞で「彼」です。yêu「愛する」も覚えておきたい語ですね。「ホアはすでに結婚しているにもかかわらず（つまり，本来なら諦めて，もう愛さないはずなのに）」のような気持ちが vẫn に，以前から愛して，その愛が今も継続していることを còn と đang が表わしています。せつない例文ですね。

今度は「まだ動いていない」ことの言いかたを見ておきます。

Long đã đi chưa? ロンはもう行きましたか。
Long chưa đi. ロンはまだ行っていない。

【đã 動詞...chưa?】は「もう〜しましたか」と尋ねるかたちです。また，chưa は動詞の前について，その動きが「まだ起こっていない」ことを示します。

最後にこんな表現も知っておきましょう。

Long mới đi Hà Nội. ロンはハノイに行ったばかりだ。

【mới ＋動詞】のかたちは「したばかり」です。話している時点から見てあるいは話し手にとって，その動きが発生して「間もない」ことを表わします。「間

もない」かどうかは話し手の判断によるので，ロンがハノイに行ったのは5年前だとしても，話し手が「行ったばかりだ」と判断すれば mới đi Hà Nội と言うことができます。

「したばかり」は，ほかに【vừa＋動詞】でも言い表わせます。こちらは，話し手の判断というよりは，まさに「直前の出来事」を意味します。ホアがロンを訪ねてきたけれど，行き違いでロンはその直前に出発済み。それが，

Long vừa đi Hà Nội. ロンはハノイに行ったばかりだ。

です。

「動き」の様子を表わす部品

以下の見取り図で確認です。「ある時点」から見て，その動詞の...を考えます。

動きの様子を表わす部品どうしの組み合わせには，Long vẫn chưa đi.「ロンは依然としてまだ行っていない」のようなものもあります。vẫn は「続いている」様子を，chưa は「まだ起こっていない」ことを示します。vẫn chưa đi は，本来ならもう行っていてもおかしくないのに，chưa đi「まだ行っていない」という状態が以前からずっと続いていることを表わしています。

(2) したり，されたり

　動きを考えるとき，誰かが「する」のか，あるいは誰かに「される」のかは大切な視点です。日本語や英語でもおなじみの受動表現です。

Hoa khen Long.　ホアはロンをほめる。　　　　　　　

Long chửi Hoa.　ロンはホアをけなす。

　khen は「ほめる」の意味です。chửi の方はあまりいい意味ではなく，「けなす」「ののしる」です。

Long được Hoa khen.　ロンはホアにほめられた。

　この文を，一番上の文と見比べてみましょう。まず，「ほめられた」という訳が気になりますね。つまり，この文は受動表現なのです。では，文の違いは何か。ふたつの違いが浮かびます。được という語は「ほめられた」にしか出てきません。そして，さらによく見ると語の並べかた，そうです，語順が違うのです。

　ベトナム語では được の後に，してくれたひと (Hoa)，してくれた行為 (khen) を並べて「ほめられた」という受動表現を表わします。次はどうでしょう。

Hoa bị Long chửi.　ホアはロンにけなされた。

　この文も「けなされた」という受動表現なのに，được が見えません。代わりに，bị という語があります。ベトナム語では，受動を表わすときに，それが「いい受動」なのか「悪い受動」なのかが重要です。いい受動は「得る，恩恵を受ける」を意味する được を，悪い受動は「被害を受ける，いやな目にあう」を意味する bị を使います。語の並べかたはどちらも同じです。

> **ポイント!**　受動は【Aさん】＋ được/bị ＋【Bさん】＋動詞
> 　　　　　　　「AさんはBさんに〜される」

　「いい・悪い」は，話し手が判断します。
　また，必ずしも「Bさん」が出てくるわけではありません。

Long là giáo viên tốt.　ロンはよい教師だ。

Long được cho là một giáo viên tốt.　ロンはよい教師だと思われている。

「誰によって」は明示されていませんが、不特定多数、あるいは一般的に考えて、ということです。giáo viên は「教師、教員」を意味します。この cho A là B は「A をBとする、考える」の意味で便利なかたちです。

では、ロンがよくない教師だと見られているなら、どうでしょうか。

Long bị cho là một giáo viên không tốt. ロンはよくない教師だと思われている。

được と bị の使い分けのコツが少しずつ見えてきましたね。この2語は受動表現にとどまらず、価値判断を示すのにも重要な部品です。次の文も見比べてください。không tốt は【không ＋性詞】の打ち消しのかたちで、「よくない」です。

Hoa được đi công tác nước ngoài. ホアは外国出張に行ける。

Hoa bị đi công tác nước ngoài. ホアは外国出張に行かされる。

上の文は「行かせてもらえる」を表現します。つまり、恩恵の được ですね。下の例では bị があるので、ホアは行きたくない、しかし行かなければならないことがわかります。このように同じ事柄でも、判断が異なれば được と bị を使い分けます。đi công tác は「出張に行く」、nước ngoài は「外国」の意味です。

Rất vui được gặp anh. あなたに会えてうれしいです。

rất は性詞の前について「とても」を表わします。つづく vui が「楽しい、うれしい」の意味です。また、gặp は「会う」です。例文を見るとベトナム語会話の「決まり文句」にも恩恵の được がちゃんと出てきています。

Tôi bị đau đầu. わたしは頭が痛い。

đau は「痛い」、đầu は「頭」の意味です。đau đầu は「頭が痛い」です。したがって Tôi đau đầu. もきちんとした文ですが、それは単に「頭が痛い」という事実を述べた文です。bị によって、わたしにとって頭痛が好ましくないこと、わたしがいやな目にあっていることがよく伝わります。

Hôm qua tôi bị mắc mưa. 昨日、わたしは雨に降られた。

mưa は「雨が降る」という気象現象です。mắc は「よくない出来事にあう」を意味します。bị があると単に雨が降るのではなく、自分は降ってほしくなかった、あるいは予期しなかった、雨具の準備をしていなかったなど、「いやな目にあった」感じが出てきます。

Hôm qua trời mưa.　昨日は雨が降った。

単に「雨が降る」なら Trời mưa. となり，決して *Tôi mưa. とはいいません。

Ngày mai tôi được nghỉ.　明日，わたしは休める。　

nghỉ は「休む」という動詞です。được があるので，「休む＝いいこと」という判断が見えてきますね。

Ngày mai tôi nghỉ.　明日，わたしは休む。

これは事実として「明日は休み」を述べる文です。
では，まとめてみましょう。

Hôm qua tôi bị đau đầu và được về sớm.　昨日，わたしは頭が痛くて，早く帰った。

頭が痛いのは「いやな目」なので bị ですね。そして，về「帰る」sớm「早く」の方は恩恵の được で表わしています。và はふたつの事柄を結びつける便利な部品です。このように，ひとつの文の中にいいことと悪いことが出てくることもあります

最後に，「いい・悪い」に関係ない受動表現を見ておきます。

Bài hát "Tình ca" do Phạm Duy sáng tác.
Tình ca という曲はファム・ズイによって作曲された。

まず，bài hát は「歌や楽曲」，sáng tác は「創作する」の意味です。この文の重要語は do です。do は「その前後」に注意しましょう。「do 前」の事物は，「do 後」によってもたらされたものです。例文は，「do 前」の bài hát "Tình ca" が「do 後」，すなわち「ファム・ズイが作曲した」ものであると言っています。

do は受動表現を作る部品ではありません。「原因・結果」の関係や，作用，創作などを表わす語です。したがって，上の文は文法的には受動とはいい難いのです。しかし，do のように「意味が受動的」になる語は他にもあり，慣れておいた方がいいでしょう。

Bài hát "Tình ca" được sáng tác bởi Phạm Duy.
Tình ca という曲はファム・ズイによって作曲された。

この bởi は，「bởi 後」のひとや物が「bởi 前」の状態を起こしたことを示します。「bởi 前」を見ると，Bài hát "Tình ca" được sáng tác「Tình ca という曲は作曲

された」としっかり受動のかたちになっていますね。そして，作曲者が「bởi 後」
に明示されています。

　文法の説明としては，下の例文が理想的です。受動のかたちがはっきり見え，
誰がやったことなのか，つまり動作主も明確にわかるからです。報道や学術論文
などで好まれる言い回しです。ただし，日常会話では使いません。ラジオ番組で
DJ が *Tình ca* を紹介するときは最初の文が使われます。

> **ポイント!**　　do や bởi の後ろに動作主
> 　　　　　　　do や bởi ＋【動作主（〜さんが）】＋動詞

　Tình ca は「情歌，ロマンス」を意味する語です。しかし，これは恋人への愛
を歌った曲ではなく，故郷，そして祖国ベトナムへの慕情がこめられた曲です。
故郷に思いを馳せるベトナム人の気持ちを表現した名曲です。また，この曲を作っ
たファム・ズイはベトナムを代表する作曲家のひとりで，その作品はベトナム国
内はもちろん，世界中のベトナム人から幅広く愛されています。インターネット
でも聞くことができる「ベトナム人のこころ」，ぜひ聞いてみてください。

　つぎに，タイトルに được や bị が含まれる歌謡曲を見てみましょう。

Yêu và được yêu　　愛し，愛されて

yêu は「愛する」の意味です。並列の và「と」の先には受動表現の được
yêu があります。ここは定石を踏んで「愛する」「愛される」と直訳して，歌謡
曲のタイトル風にアレンジを加えてみました。

Quyền được yêu　　愛される権利

初めの quyền が「権利」ですから，タイトルの翻訳は一発で決まりますね。

Anh đã bị lừa　　僕はだまされた

　一転して bị の世界観。lừa は「だます」を意味する語です。状況としてはか
なり悲惨なのですが，アップテンポな曲に仕上がっています。まあ，恋愛は lừa
và bị lừa「だまし，だまされ」なのかもしれません。

(3) したり，させたり

ここではまず，他人に何かをさせる言いかた，使役表現を見ていきます。

Hoa đi chợ. ホアは市場に行く。　DL 36
Long cho Hoa đi chợ. ロンはホアを市場に行かせる。

chợ は「市場」の意味です。ふたつの文を比べると，Long cho に使役を表わすしくみがありそうですね。

cho は使役を表わす重要な語で，語順に気を付けます。cho の後に「誰が」「何をする」を並べます。これで，「誰に何をさせる」を言い表わすことができます。

> **ポイント!**　【Aさん】＋cho＋【Bさん】＋動詞
> 「AさんはBさんに〜させる」

Long cho tôi về sớm. ロンはわたしを早く帰らせる。

これも cho を使った，わかりやすい例文ですね。なお，cho には「許可を与える」の意味もあります。訳に差が出るわけではありませんが，その文が話される環境，前後の文脈でどちらなのかわかります。

さて，同じ「させる」でも，使役の強さに応じて，語の使い分けがあります。

Cô Kim bắt Long học tiếng Nhật. キム先生はロンに日本語を勉強させる。

bắt にも「〜させる」の意味があり，この文は「命じて勉強させる」という感じです。

また，よく似ている表現に bắt buộc を使ったものがあります。cô は女性の先生を呼ぶときの尊称です。男性の先生は thầy で呼びます。

Công ty bắt buộc nhân viên học tiếng Việt.
会社は社員にベトナム語を勉強させる。

công ty は「会社」，nhân viên は「スタッフ」とか「社員」の意味です。bắt は口語表現で，bắt buộc の方は正式な文書や改まった場面で使われることが多いです。bắt buộc される側には，「しなければならない」「せざるを得ない」ということでしょうか。

もっと進めてみましょう。

Long bắt tôi uống bia.　ロンはわたしにビールを飲ませる。

Long ép tôi uống bia.　ロンはわたしに無理やりビールを飲ませる。

「ビールを飲ませる」という点では同じですが，意味の程度は異なります。ép の方は「無理やり」とか「強制的に」で，かなり強い意味になるので要注意です。先ほどの例文を ép にして，

Công ty ép nhân viên học tiếng Việt.

会社は社員に無理やりベトナム語を勉強させる。

になります。社員はベトナム語を勉強したくないのに，会社が強制しているのです。また，本来的にやらなければならないことは ép では表わしません。

*Cô Kim ép Long ôn bài.

キム先生はロンに無理やり復習させる。

ロンが40度も熱を出していれば別ですが，ふつう ôn bài「復習する」は「すべきこと」ですから。

ちなみに ép には「絞る」という意味もあり，果物のジュースは nước ép trái cây といいます。「ぎゅっと力を込める」感じが出てきますね。

使役表現の語順は，程度にかかわりなく同じです。

今度は別のパターンです。

Hoa làm Long buồn.　ホアはロンを悲しませる。

làm は「する」で，ベトナム語の中で最も基本的な動詞のひとつですが，「引き起こす」のような意味もあります。buồn は「悲しい」ですから，ここでは，「ロンを悲しい」状況にする，という働きをしています。

buồn「悲しい」の反対に，vui「楽しい」を使った例も考えておきます。

Một ly chè đá làm Kim vui.　一杯の氷入りチェーはキムを楽しませる。

ここでは前の文の Hoa の部分に một ly chè đá「一杯の氷入りチェー」というモノがありますね。làm の主語は人間だけではなく，モノや動作・事柄でもよいのです。また，làm のほかに làm cho, khiến や khiến cho を使った言いかたもあります。

例文に出てくる đá は「氷」の意味で，chè đá は細かく砕いた氷が入った冷たいチェーです。暑い日の午後，あるいは夕涼みに食べると格別の味がします。

Long làm việc nhiều khiến Kim lo.
ロンがたくさん仕事をするのでキムは心配させられる。

lo は動詞で「心配する，不安に思う」，また，nhiều は「たくさん」の意味です。「ロンがたくさん仕事をする」ことが，キムが心配する原因なのです。

> **ポイント!** A＋làm/làm cho/khiến/khiến cho＋【Bさん】＋性詞
> または動詞 「AはBさんを〜させる」

もうひとつ，làm と lo を使った言い回しを見ておきます。

Anh làm cho tôi lo quá! あなたにはとっても心配されられる。 **DL37**

làm cho lo は「心配させる」ですね。「誰」を心配させるのかは，上のポイントどおりに làm cho の後ろに示します。この文には tôi があるので，「わたしを心配させる」の意味になります。このセリフは言うか言わせるかでかなり変わってきますね。

さらに，ちょっと変わった「させる」も見ておきましょう。

Long để Hoa ngủ. ロンはホアを寝かせておく。

今まで cho などがあった場所に，新たな部品がありますね。để は「そのままにしておく」の意味です。「放置」「放任」と解説している文法書もあります。次の文と比べてみると，違いがよくわかるでしょう。

Long cho Hoa ngủ. ロンはホアを寝かせる。

để の文では，ホアはすでに寝ていて，現時点でも眠り続けています。để にはまず，この状態，つまり「寝ている」状態をそのままにしておくという意味があります。対して，cho の文は「これから寝かせる」です。
また，あくびばかりして眠たがっているホアに，

Long để Hoa ngủ. ロンはホアを寝かせる。

と言うこともできます。để には「邪魔だてせずに，そのままさせる」の意味もあるからです。したがって，この文は「眠たそうなので，そのまま寝かせる」の意味になります。

để を使った決まり文句

会話の「決まり文句」にも để が出てくるので確認しておきましょう。

Để tôi xem. ちょっと待って。

xem は「見る」「認識する」です。この文は何かを具体的に「見せて」と言っているのではなく，相手に何か言われて，ちょっと考える時間がほしいときに使います。議論が白熱してきたら，

Để tôi nói. わたしに話させて。

と言います。この để は「邪魔しないで，わたしにさせて」の意味ですね。ほかに，こんな để なら笑顔になってしまう例も見ておきましょう。

Để tôi trả. わたしに支払わせて。

「ワリカン」がないベトナムでは，コーヒーや食事の代金は誰かが一括して払います。trả は「払う，返す」などを表わす動詞です。

言ってもらうばかりではなく，こちらからも言って，きっぷのいいところを見せたいですね。

Để tôi đi. わたしに行かせて。

こちらはケンカ別れのシーンでしょうか。「邪魔しないで，行かせてくれ」と言っています。もちろん，ケンカに限らず，「行きたいようにさせて」と言うときや，どうしても行きたいから「行かせて」と強く言うときなどもこの文です。

さて，せっかく集中力がわいてきたベトナム語，遊びに行こうと誘惑してくる悪友にひとこと！

Để tôi học tiếng Việt! ベトナム語を勉強させて！

(4) あげたり，もらったり

　ここでは「あげる」「もらう」を見てみます。実際のコミュニケーションを意識しながら，一緒に考えましょう。

Thầy Huệ cho Long quà.　フエ先生はロンにプレゼントをあげる。　　　DL38

　まず，quà は「贈りもの」「プレゼント」です。お土産の意味もあり，よく使う語です。quà Việt Nam といえば「ベトナムのお土産」ですね。

　では cho を見てください。cho には意味が多くありますが，まずは「あげる」です。辞書には「自分の所有物を何の引き換えなしに他人の所有に変えること」と極めて律儀に書いてあります。何の引き換えなしで，ですから「タダであげる」わけですね。

> **ポイント！**　【Aさん】＋ cho ＋【Bさん】＋【モノ】
> 「AさんはBさんにモノをあげる」

　親しい間では cho を使いますが，目上のひとに差し上げるときに cho はあまり丁寧ではありません。

*Long cho thầy Huệ quà.

　この文は「ロンはフエ先生にプレゼントをやる」という意味合いで，感心しません。次のように表現すればいいでしょう。

Long tặng quà cho thầy Huệ.　ロンはフエ先生にプレゼントを贈る。

　tặng は「贈る」の意味です。プレゼントを郵便で送ったり，誰かに託すなら gửi「送る」を使って，こう言います。

Long gửi quà cho thầy Huệ.　ロンはフエ先生にプレゼントを送る。

　ここで「tặng や gửi の文にある cho は何か？」という重大な（！）問題が出てきますね。cho には動詞「あげる」のほかに，「cho ＋ひと」のかたちで，そのひとが受け取り手であることを示す働きがあります。よく使う言いかたに「viết thư cho ＋ひと（ひとに手紙を書く）」などがあります。viết は「書く」，thư は「手紙」の意味です。

今度は「もらう」方を考えてみましょう。

Long viết thư cho Kim.　ロンはキムに手紙を書く。

Kim được thư của Long.　キムはロンの手紙をもらう。

của は所属や所有を表わす「〜の」ですね。được は受動表現で出てきた「得る」や「恩恵を受ける」の được です。もらってうれしいこと，いいことを「得る」のが基本です。

このほかに，ずばり「受け取る」を意味する動詞 nhận があります。これを使えば，上の文は以下のようにも表わすことができます。

Kim nhận thư của Long.　キムはロンの手紙を受け取る。

nhận と được をあわせて，Kim nhận được thư của Long. と言ってもよいです。また，được や nhận は手紙やプレゼントのようなモノだけでなく，抽象的なものを受け取る際にも使います。以下の例を見てください。mời は「招待する」の意味です。

Long nhận thư mời của thầy Huệ.
ロンはフエ先生の招待状を受け取る。

Long nhận lời mời của thầy Huệ.
ロンはフエ先生のお招きのことばを受ける。

thư は「手紙」ですから，thư mời は「招待状」の意味です。また，lời は「ことば，ことばによる表現」なので，lời mời なら「お招きのことば」になりますね。lời mời はモノではありませんが，nhận を使って「受け取る」ことができます。ベトナム人は，誕生日や記念日に大きなパーティーを催すことが多いので，この例文にもしっかりなじんでおきましょう。

さて，次は別の「あげる」「もらう」に関する表現です。次の例を見てください。プレゼントが届くのに留守で受け取れないホアを助けて「あげる」シーンを考えましょう。

Kim nhận quà cho Hoa.
キムはホアのためにプレゼントを受け取ってあげる。

この「cho + ひと」はいい目にあうひとが誰なのかを示します。ホアはキムが代わりに受け取ってくれて助かりましたね。

でも，これでは誰が送ったのかがわかりません。下の例文を順番に考えてみましょう。

Kim nhận quà của Long.　キムはロンのプレゼントを受け取る。

この文ではLongはプレゼントの送り主です。ロンが送り，キムが受け取ります。

Kim nhận quà gửi cho Hoa.　キムはホア宛のプレゼントを受け取る。

gửi「送る」のあとの「cho＋ひと」は受け取り手（宛名）を表わしますね。đưa「手渡す」，bán「売る」などもこのかたちをとります。つまり，「cho＋ひと」はどんな動詞につくのかによって役割が異なるのです。
　上の例文にプレゼントの送り主を入れたのが次の例文です。

Kim đã nhận quà của Long gửi cho Hoa.
キムは，ロンがホアに宛てて送ったプレゼントを受け取った。

これでかなり見えてきました。では，「受け取ってあげた」はどうですか。

Kim đã nhận giúp quà của Long gửi cho Hoa.
キムはロンがホアに宛てて送ったプレゼントを受け取ってあげた。

giúp は「助ける」で，そこから「〜してあげる」の役割も出てきました。
giúp を使えば，こんな言いかたもできます。

Long viết cho Hoa.　ロンはホアに書く。　　　　**DL39**

この文は Long viết thư cho Hoa.「ホアに手紙を書く」と同じです。viết は gửi などと同じグループで，cho はホアが受け取り手であることを示します。したがって，「書いてあげる」なら cho ではなく giúp を使って明確に表現する方がよいでしょう。

Long viết giúp Hoa.　ロンはホアのために書いてあげる。

こちらは，たとえばホアが指を骨折しているから代わりに書いてあげるという意味です。「書くのを手伝う」ではないことに注意してください。下の文は，たとえばホアが使うペンを出してあげる，つづり字を教えてあげるなどの「お手伝い」を意味します。

Long giúp Hoa viết.　ロンはホアが書くのを手伝う。

【Aさん】＋動詞＋ cho/giúp ＋【Bさん】
「AさんはBさんのために～してあげる」

　Bさんが「単なる受け取り手（宛名）」なのか，「いい目にあうひと」なのかの見極めも大切です。文にどんな動詞があるのかを確認しなければなりませんね。

 「cho ＋ひと」の見極め

Long gửi quà cho tôi.　ロンはわたしにプレゼントを送る。

　例文は，「わたし宛に」送るという意味です。gửi があるからです。「わたしの代わりに送ってくれた」なら，giúp を使った Long gửi quà giúp tôi. の方が明確です。
　このパターンをとるのは主に以下の動詞です。
「送る・贈る」系　→ gửi, tặng, mang「持っていく，運ぶ」, đưa「手渡す」,
　　　　　　　　　　 bán「売る」
「発信」系　　　　→ nói「話す」, viết「書く」

次の文で再確認です！

Tôi nói tiếng Nhật giúp Long.
わたしはロンに代わって日本語を話した。
（わたしが日本語を話したのは，聴衆のためにではなく，ロンのために）

Tôi nói tiếng Nhật cho Long nghe.
わたしはロンに日本語を話した。（わたしはロンに対して日本語で話しました）

nghe は「聞く」です。2番目の文では「ロンに聞かせるために話した」ことがわかります。

お待ちどうさま，春巻きが香ばしく揚がりました。

Long ăn chả giò đi!　ロン，揚げ春巻きを食べなさい！　**DL 40**

と声がかかります。食べる前に，「文末の đi」を復習しましょう。

　đi は文末につく副詞で，命令や強い提案，促しを意味しますね。何かを他人に命じるとき，もっともシンプルなのが文末に đi をつけた文です。"Ăn đi!" だけでも「食べろ！」という文になります。ただし，この言いかたは目上のひとにはしません。

　他人に要求する，または命令する表現は他にもいろいろあります。

Anh hãy về nhà ngay.　あなたはすぐに家へ帰りなさい。

　về は「帰る」，nhà は「家」の意味で，ngay は「すぐに，すぐさま」です。về の前についているのが他人に要求したり，命令するための部品 hãy です。目上のひとには xin と hãy で相手を表わす語をはさんで，丁寧さを出します。

Xin thầy hãy về nhà ngay.　先生，すぐに家へお帰りください。

　「先生，奥様がお怒りです」なのでしょうか，先生に対して，必要十分な丁寧さで速やかな帰宅を求めています。

ポイント！　　親しい仲，年下のひとに対しての命令・促しは文末に đi を置く
　　　　　　　（目上のひとには Xin ＋）「あなた」＋ hãy ＋動詞句で
　　　　　　　「～しないでください」

---

*Tôi hãy về nhà ngay.

　これはだめです。hãy は他人に対してのみ使います。自分自身が何かしなければならないときはどうするのでしょうか。下の例を見てください。

Tôi phải về nhà ngay.　わたしはすぐに家へ帰らなければならない。

　phải は義務や，「どうしてもやらなければいけないこと」を言うときに，動詞の前に置いて使います。自分のこと，他人のこと，一般的なことに関して使えます。

Anh phải về nhà ngay.　あなたはすぐに家へ帰らなければならない。

ロンが頭痛で困っているなら，こんな表現もいいでしょう。

Long bị đau đầu, phải uống thuốc.
ロンは頭が痛いので，薬を飲まなければならない。

動詞 uống「飲む」はビールだけでなく，thuốc「薬」にも使えるのですね。
phải は強い表現なので，やはり目上のひとには使いません。代わりに，「した方がよい」という忠告のしかたを見ておきましょう。

Thầy nên uống thuốc.　先生は薬を飲んだ方がよいです。

この nên は「忠告に従ってもよいし，従わなくてもよい」程度の拘束力で，丁寧ないいかたです。反面，強制力を伴うべき事柄にはなじまないでしょう。

Công dân phải nộp thuế.　公民は納税しなければならない。

たとえば納税は義務ですから，このように表わします。
công dân「公民，市民」，nộp「納める」，thuế「税金」はベトナム国内の看板や掲示物によく現われる語です。

> **ポイント!**　義務・命令＝主語＋ phải ＋動詞句「〜しなければならない」
> 　　　　　　　忠告・促し＝主語＋ nên ＋動詞句「〜した方がよい」

次に「させない」言いかた，つまり禁止の表現を見ておきます。すっかり飲みすぎたロンにはこのように言います。

Long đừng uống nữa.　ロンはもう飲むな！　　　`DL41`

動詞の直前に đừng を置くと，強い禁止の表現のできあがりです。nữa は「もっと」です。否定や禁止の文では「もうこれ以上〜ない」の意味になりますね。酔っぱらいといえども先生なら，目上のひとに対しての表現を使いましょう。

Xin thầy đừng uống nữa.　先生，もう飲むのをやめてください。

> **ポイント!**　（目上のひとには Xin ＋）「あなた」＋ đừng ＋動詞句で
> 　　　　　　　「〜しないでください」

否定の không と nên を合わせて,「しない方がよい」という忠告もできますね。次の例を見てください。

Long không nên uống nữa. ロンはこれ以上飲まない方がよい。

丁寧な忠告ですから,目上のひとにも使うことができます。
また,cấm「禁止する」という動詞を使った表現も見ておきましょう。

Bác sĩ cấm Long uống rượu. 医師はロンに飲酒を禁じる。

rượu は酒類全般を指す名詞です。ビールに限らず「禁酒」を命じられました。なお,cấm は街かどで Cấm chụp hình「撮影禁止」, Cấm đái「小便禁止」などの看板に出てきます。chụp hình は「写真を撮る」, đái は「小便をする」の意味です。みなさんもベトナム旅行できっと出会うでしょう。

最後に禁止を簡潔に伝える表現をいくつか学んで終わりにします。

Không được! だめ！

Thôi! やめて！

không được は不可能や不許可を表わします。thôi は「やめる」です。
ベトナム語では「主語なし」で「動詞むき出し」文が命令文になることがあります。上の "Không được!" は「否定語＋動詞むき出し」ですが,これも命令や強い意志を示すかたちです。

 ## 「否定」を味わってみよう

Bác sĩ cấm hút thuốc. 医師は喫煙を禁じる。

これは cấm を使った「普通の文」です。hút は「吸う」です。また,thuốc は「薬」の意味ですが,hút thuốc や hút thuốc lá で「煙草を吸う」を表わします。thuốc lá なら「煙草」です。

では,次の文はどうでしょうか。

Bác sĩ cấm không được hút thuốc. 医師は喫煙を禁じる。

思わず煙草に火をつけてしまいそうですね。không を見て，「？」がモクモク
と出てきそうです。không được は禁止でしょう，cấm も禁止でしょう。まさ
か禁煙を禁止する命令？　そんなことはありません。下の文は「煙草を吸っては
いけない，と禁ずる」という意味で，上の例文よりは強い意味合いになります。
　実際，街で見かける「禁煙」の表示にも，Cấm hút thuốc. があり，Cấm
không được hút thuốc. もあります。cấm と không の間に「：」が打ってある
ケースも見かけます。
　もうひとつ。今度は生臭い例文を紹介しておきます。

Ông ấy từ chối nhận hối lộ.　彼はワイロの受け取りを拒否した。

từ chối は「拒否する，辞退する」，nhận は「受け取る」，hối lộ は「ワイロ」
の意味です。次の文と比べてみてください。

Ông ấy từ chối không nhận hối lộ.

　彼はワイロを受け取りましたか？　いいえ，やっぱり拒否しています。この文
も「彼は拒否して，ワイロを受け取らなかった」の意味です。
　từ chối「拒否する」の結果として，không nhận hối lộ だというのです。また，
文の構造を考えたとき，không nhận hối lộ は từ chối の補語になります。
　もう少し見てみます。

Tôi chẳng hiểu ông ấy nói gì.　彼が何を言っているのか，まったく理解できない。

không 以外の否定語として chẳng もあげておきましょう。これはかなり強め
の否定で，「まったく〜ない」や「決して〜ない」の意味で用いられます。

Con gì có chân mà chẳng có tay?　足はあるけれど，決して手がない生きものはな
〜んだ？

　今度は可愛らしい子どもが問いかけています。câu đố「なぞなぞ」ですね。
chân「足」と tay「手」を手がかりに考えてみると … 答えは con gà「鶏」だそ
うです。日本の焼鳥やさんには「手羽先」がありますが，こちらはベトナム語で
cánh gà。cánh は「翼」や「羽根」の意味なので，まさに鶏の手羽です。

Cánh đâu mà bay?　翼がないのに飛んでいった？

　財布の中が空っぽ。お金に羽根が生えた？のベトナム語版です。ものを失くし
たときや盗まれたときにも使う表現。đâu が強めの打ち消しでしたね。

(6) できます，できません

ベトナム語が少しでも話せると，ベトナム旅行は格段に楽しくなりますね。

Tôi nói tiếng Việt. わたしはベトナム語を話す。 **DL42**
Tôi nói được tiếng Việt. わたしはベトナム語が話せる。

比べると được が「できる」を表わしているのがわかりますね。まずは，動詞 + được が「できる」の基本形です。自分のことだけでなく，他人の「できる」も見ておきましょう。

Chị nói được tiếng Việt. あなたはベトナム語が話せる。
Chị ấy nói được tiếng Việt. 彼女はベトナム語が話せる。

1人称だけでなく，2人称や3人称でも同じかたちです。
さて，「できる」の言いかたはほかにもあります。

Tôi nói tiếng Việt được. わたしはベトナム語が話せる。

文末に được を置くパターンです。しかし，この「文末の được」は2人称では「できる」の意味合いが異なる場合があるので，要注意です。

Ở đây anh hút thuốc được. ここであなたは煙草を吸えます。

別に ở đây「ここ」でなくても，煙草を吸う「能力」自体には変わりないのですが，上の例文では許可による「可能」が鮮やかに見えています。つまり，ひとくちに「できる」といっても，それが能力による「できる」なのか，許可による「できる」なのか，あるいは「そういう可能性がある」から「できる」なのかをきちんと区別するのです。もう少し細かく見ておきましょう。
được を動詞の前に置いて「được +動詞」にすると，許可の表現になります。

Long được nói tiếng Việt. ロンはベトナム語を話せる。

この文は「ベトナム語が話せる」という能力のことではなく，たとえばベトナム語厳禁の日本語の授業中，ロンが先生に「ベトナム語を話していいですよ」といわれたので，「話せる」という状況です。

────────────────────────────────
ポイント! 「できる」の基本は動詞+ được，許可は được +動詞
────────────────────────────────

được とともに「できる」を表わす語に có thể があります。次の文を見ると、主語の人称による「できる」の区別がくっきりと浮かんできます。

Tôi có thể đi chơi.　わたしは遊びに行ける。

この文は「今日はもう仕事が終わったから遊びに行けますよ」を表わしています。文末に được をつけた Tôi có thể đi chơi được. でも同じ意味です。đi chơi は「遊びに行く」です。

Anh có thể đi chơi.　あなたは遊びに行ってもよい。

これは「病気が完治したので遊びに行ってもよろしい」と許可したり、「ちょっと遊びに行けるでしょう!?」と勧誘したり、の場面で使われる「できる」です。

Anh ấy có thể đi chơi.　彼は遊びに行ける。

この文は「彼は遊びに行ける」という事実の描写です。なぜ「できる」のかは文脈や会話の状況によります。時間、場所などのより具体的な語があれば、はっきり見えてきます。ちょっと違う例で見てみましょう。

Hôm nay anh ấy có thể uống bia.　今日は、彼はビールを飲める。

「残業がないから」あるいは「医師から許可が出たから」今日は飲めるのです。つまり、この文は単に「飲む能力」があると言っているのではないのです。また、この文は、今日「飲む可能性がある」ことを述べるときにも使います。

Long có thể làm tôi vui, có thể làm tôi buồn.
ロンはわたしを楽しくし得るし、悲しくし得る。

làm の使いかたは大丈夫ですか。【A làm ＋ B さん ＋性詞】で、「A は B さんを…させる」のパターンですね。上の文はまさにパターンどおりのかたちです。vui「楽しい」、buồn「悲しい」はどちらもよく使う語です。

この文はロンの能力、または誰かの許可を述べているのではなく、ロンの可能性について言っています。つまり、「そういう可能性がある」のです。日本語にすれば「〜し得る」がしっくりきます。

次に「できない」の言いかたも見ておきましょう。

Tôi không nói tiếng Việt được.　わたしはベトナム語を話せない。

これは「話す能力がない」という意味ですね。この文を流暢に言われたら、ベ

トナム人は笑うでしょう，Anh đang nói tiếng Việt mà!「あなた，いまベトナム語を話しているでしょう！」って。

Tôi không được nói tiếng Việt.　わたしはベトナム語を話せない。

こちらは「誰かに禁止されている」，だから「話せない」のです。「不可能」，「できない」ことは同じでも，文が表わす内容はかなり違います。語順に気をつけましょう。

Anh không được đi chơi.　あなたは遊びに行けない。　**DL43**

これは許可を表わす「được ＋動詞」の否定で，不許可や禁止を表わします。3 人称でも同様に，不許可や禁止の文です。

Chị ấy không được đi chơi.　彼女は遊びに行けない。

彼女は時間がないから，またはお金がないから遊びに行けないのではなく，遊びに行ってはならないと禁止されているから行けないのです。父親か夫が厳格なのでしょうか。どちらにしても退屈ですね。

> **ポイント！**　「できない」は không ＋動詞＋ được
> 　　　　　　不許可・禁止は không được ＋動詞

最後に「できる」「できない」のバリエーションを考えておきます。

Tôi biết nói tiếng Việt.　わたしはベトナム語を話せる。

biết は「知る」「わかる」ですが，ほかにも本能，または学習や訓練によってできるようになったことを表わせます。「không biết ＋動詞」で不可能を言うこともできます。

Tôi không biết hút thuốc lá.　わたしは煙草を吸わない。

hút thuốc lá は「煙草を吸う」の意味でしたね。
ベトナム人は勧め上手。ついつい食べ過ぎたら，こんな文を言ってみましょう。

Tôi ăn không nổi. / Tôi không ăn nổi.

「わたしは（これ以上）もう食べられない」にはこの表現がぴったりです。nổi は困難なことをやりきる能力があることを示します。否定文で使われることが多

いかもしれません。

Không thể tưởng tượng nổi!　想像できない！

tưởng tượng は「想像する，想定する」を意味します。また，文頭の không thể は動詞の前について不可能を表わします。ベトナム人は，理解しがたい場面，事前の想定を逸脱した場面でこれを多く使い，決まり文句のようです。たとえば，ヌオックマムや香菜なしでベトナム料理を食べるなんて，ベトナム人には Không thể tưởng tượng nổi! ですね。

また，nổi を使った表現には次のようなものもあります。

Không chịu nổi. / Chịu không nổi.　我慢できない。

chịu は「我慢する」「耐える」を意味します。これ以上我慢できないとき，あるいは「堪忍袋の緒が切れる」ときに使います。ただ，ベトナム人はちょっとした不満，怒りを表わすときにもこの文を使うので，現実にはかなり頻繁に耳にすることばです。

Tôi không dám ăn rau sống.　わたしは生野菜なんて食べられない。

rau は「野菜」，sống は「生の」です。ベトナム料理に生野菜は不可欠ですが，口にしない観光客も少なからずいて残念です。ここでは dám に注目です。【dám ＋動詞】で「あえて〜する」の意味です。また，打ち消しの【không dám＋動詞】は「あえて〜しない」ですが，文の意味としては「〜するなんてとんでもない」とか「〜するなんて滅相もない」の感じです。

Không dám đâu!　とんでもない！

文末に強めの打ち消しを表わす đâu を置いたこの文は，会話でもよく使われます。たとえば，市場にお土産を買いに出かけ，売り手に「日本人は大金持ちでしょう」"Người Nhật giàu lắm."（giàu は「お金持ちの，裕福な」の意味）といわれて，値段交渉が決裂しそうになったらこのセリフです。あなたのベトナム語力に驚いて，値下げしてくれるかもしれません。

このように，多様な「できる」「できない」になじむと，会話の楽しさがぐっと増しますね。特に「できない」の言いかたが上手になれば，否定で会話をストップすることなく，相手との話がふくらみますね。

(7) 動詞と動詞の話

ベトナム人によく尋ねられる文に，

Để làm gì? 何をするために？

DL 44

があります。để は動詞の前について，その動詞の目的や役割を示す語です。

さて，上の文に対する答えは，たとえば，お金をねだるのは

Để mua sách. 本を買うために。

になります。この để を使えば，動作の表現が格段に増えます。

Hoa đi Hà Nội để gặp Nam. ホアはナムに会うためにハノイへ行く。

gặp は「会う」です。「何をしに行くのか」が言えると，会話にも中身が伴ってくる感じがするので不思議ですね。もう少し例文を増やしながら，để を検討してみましょう。

Tôi đi Sài Gòn để học tiếng Việt với thầy Huệ.

わたしは，フエ先生とベトナム語を勉強するために，サイゴンに行く。

Tôi đi Sài Gòn với thầy Huệ để học tiếng Việt.

わたしはベトナム語を勉強するために，フエ先生と一緒にサイゴンに行く。

để や「一緒に」の với を上手に使い分ければ，細かな違いをきちんと区別して表現することができます。

上の文では，「フエ先生とベトナム語を勉強すること」がサイゴンに行く目的です。ベトナム語をほかの誰でもないフエ先生に習うことが目的ですね。下の文では，フエ先生と一緒にサイゴンへ行く，それはベトナム語の勉強をするためだと述べています。ベトナム語を勉強することが目的ですが，どの先生に習うかまでは言っていません。

ポイント! 【動詞 A ＋ để ＋動詞 B】 B するために A する

Để làm gì? とともに，Đi làm gì?「何しに行くの？」もよく使います。ちょうどロンが出かけるようなので，Long đi làm gì? と聞いてみましょうか。

Tôi đi gặp Kim. わたしはキムに会いに行く。

この文は Tôi đi để gặp Kim. と言い換えることもできます。「キムに会うために家を出発する」という意味になります。ただし，Tôi đi Hà Nội để gặp Kim のように「具体的な場所」がある方が自然です。ロンから別の答えを引き出してみましょう。

Tôi đi chơi. わたしは遊びに行く。

「誰と」「どこに」を明らかにしていませんが，「遊びに行く」そうです。こちらは Tôi đi để chơi. に書き換えるとかなり不自然です。Tôi đi Hà Nội để chơi với Nam. 「わたしはナムと遊ぶためにハノイに行く」なら大丈夫。

なぜなのか。đi gặp の đi と gặp の結びつきと đi chơi の đi と chơi の結びつきが違うのです。いくつかの辞書では đi chơi が見出し語に採用されていて，ふたつでひとかたまりのように，堅く結びついています。このように，để を用いない方が自然，あるいは để があると不自然，文が成り立たなくなる例をあげておきます。

Tôi đi dạo. わたしは散歩に行く。

chơi や dạo「散歩する」を見ると，いずれも「何を」とか「何に」などの補語がなくても文を作れる動詞です。単に「する」ではなく，「ナニナニをする」と極めて具体的な動作を述べる動詞ばかりです。

Long nói đùa. ロンは冗談を言う。

đùa は動詞で「冗談を言う」の意味ですが，nói đùa のかたちで使われることが多いです。

このように để を使えるのかどうかは，動詞と動詞の結びつきがどうなっているかによります。研究課題としての余地が多い，大きな問題であることに間違いありません。ちょっと đi giải khát して，次に進みましょう。giải khát〈解渇〉の意味はかなり具体的で，「のどの渇きを潤す」です。để を用いない動詞だなと気が付けばシメたものです！

今度は，それぞれ個別に意味を持つふたつの動詞がくっついてできた動詞を見てみましょう。

Long thích ăn uống ở ngoài. ロンは外で飲食するのが好きだ。　`DL 45`

ở ngoài は「外で」の意味です。ここでは ăn uống に着目してください。ăn は「食べる」，uống は「飲む」，ですね。しかし，ăn uống で「飲食する」という一語になります。食べる，飲むといちいち限定するのではなく，口を動かして飲み込む動作すべてを言います。ăn だけ，uống だけではなく，より包括的な意味をもった動詞です。

Sinh viên phải ăn mặc lịch sự. 大学生は礼儀正しい服装を身に着けなければならない。

sinh viên は「大学生」です。phải は動詞の前について「〜しなければならない」を表わしますね。この文では phải の後ろにある ăn mặc が動詞です。ăn は「食べる」，mặc は「着る」ですが，ふたつが一緒になった ăn mặc は一語で「衣服を身に着ける」の意味です。これは日本語の「服を着る」のような表現ですから，áo dài「アオザイ」など具体的に衣服を表わす語を補語にすることはできません。lịch sự は「礼儀正しい」の意味です。

*Nữ sinh phải ăn mặc áo dài.

áo dài のような具体的な語は，単に mặc を使うので注意しましょう。nữ sinh は「女子学生」で，ベトナムの高校では女子は白いアオザイが制服です。

Nữ sinh phải mặc áo dài. 女子学生はアオザイを着なければならない。

この文なら大丈夫です。
もうひとつ，ăn を含む表現を見ておきましょう。

Hoa nấu ăn giỏi. ホアは料理が上手だ。

nấu は「料理する」の意味です。nấu ăn は，こちらも一語で「料理する」です。違いは，nấu ăn には「食べものを作る」という包括的な意味があることです。ăn mặc と同様に，具体的な料理名を表わす語は補語にできません。
別の例を見てみましょう。次の文で包括的な意味を表わす語はどれでしょう。

Đây là khu vực cấm buôn bán. ここは商売禁止地区です。

khu vực は「区域」，「地区」の意味，cấm は「禁止する」でしたね。次の buôn bán を見てみましょう。buôn は「仕入れたものを売って利益を得ること」，つまり小売りすること，bán は「売る」の意味です。buôn bán は「モノを売る」という行為全般を指す動詞です。khu vực cấm bán だけなら，「売ってはいけない区画」の意味になってしまいます。

Ở chợ Bến Thành, mua bán hàng hóa rất sôi nổi.

ベンタン市場では商品の売買がとても活発だ。

chợ は「市場」を表わします。chợ Bến Thành はホーチミン市の「ベンタン市場」で，観光客にも人気です。sôi nổi は「活発だ」を意味します。mua bán を見ると，mua「買う」と bán「売る」のふたつのかたまりで成り立っています。mua と bán は反対の関係ですが，このように結びついて一語を作ることができます。意味は「売買する」です。hàng hóa は「商品」を意味します。

状態を表わす動詞

ベトナム語文法には，性質や状態を表わす性詞を「状態を表わす動詞」（状態動詞）とみなす考えかたもあります。これによれば，動詞＋性詞の組み合わせにも「動詞＋動詞」を見出すことができます。

Tôi học tiếng Việt, được mở rộng tầm mắt.

わたしはベトナム語を勉強して，視野が広がった。

mở は「開く」，rộng は「広い」ですから，「mở して rộng になった」ということなのですね。辞書には mở rộng は見出し語で出ていて，「拡大する」と説明されています。tầm mắt は「視野」です。

なお，mở は「開く」，mở rộng は「拡大する」ですから，次のふたつは意味が異なります。

mở đường　　　道を開く，開通する，開通させる
mở rộng đường　道を拡大する

下の方は，「あらかじめあった道をより広げる」の意味です。

(8) のぞみ, 好み

ベトナム語で自分の希望や好みを言うことができれば，楽しさが広がります。

Tôi muốn đi Việt Nam. わたしはベトナムに行きたい。 DL 46

まずは基本のかたち，muốn ＋動詞を見ておきましょう。muốn は欲求を伝える語で，「〜したい」の意味です。程度の副詞 rất を使って，「とても〜したい」と言うこともできます。

Tôi rất muốn đi Việt Nam. わたしはベトナムにとても行きたい。

Tôi không muốn về nước. わたしは帰国したくない。

ベトナムが気に入ったのでしょうか，下の例は「したくない」ですね。không で打ち消した【không muốn ＋動詞】も使えるようにしておきましょう。về は「帰る」，nước は「国」です。

> **ポイント!** 「したい」は muốn ＋動詞
> 「したくない」は không muốn ＋動詞

Tôi thích ăn phở gà. わたしは鶏肉入りフォーを食べるのが好きだ。

今度は thích を見てください。「好きだ」だという感情を表わします。【thích ＋動詞】で「〜するのが好きだ」，そして「〜したい」と言えます。上の文をフォー屋で話せば，鶏肉入りのフォーが食べたいの意味になります。

Tôi thích ca sĩ Mỹ Linh. わたしは歌手のミー・リンが好きだ。

ca sĩ は「歌手」，名詞ですね。thích の後には動詞のみならず，名詞も来ます。「好き」の意味は同じです。

さて，「好きではない」の方は，要注意です。

Long không thích phở gà. 彼は鶏肉入りフォーが好きではない。

không thích は文字通り「好きではない」です。穏やかな表現です。

Long ghét phở gà. ロンは鶏肉入りフォーが大嫌いだ。

ghét はかなり強く「嫌いだ」というときに使います。この文は，たとえばロンが過去に phở gà で食中毒になったことなどを惹起させるほどの強さです。

> **ポイント!**　　好きは thích, 好きでないは không thích, ghét は大嫌い

Mong chị thông cảm.　あなたが理解してくれることを願う。

mong は他人に対する自分の願いを言います。主語は省き，chị の位置には適切な 2 人称を入れましょう。thông cảm は「辛さや苦しみを理解して，気持ちを分かち合う」という意味で，素敵な表現です。もっとも，"Xin lỗi." 「ごめんなさい」と言うべきシーンで "Thông cảm!" 「わかってよ」と言ってくる人間もいるのでウカウカできません。

再会を約束する決まり文句にも mong が出てきます。

Rất mong được gặp lại.　また，とても会いたいです。

lại は「再び」を意味します。

さて，堪えがたい感覚については，muốn ではなく buồn を使います。

Tôi bị say xe, buồn nôn.　わたしは車に酔い，吐きたい。

say は「酔う」，xe は「車」を意味します。nôn が「吐く」ですから，buồn nôn で「吐きたい」です。ベトナム航空の座席には túi nôn と書かれた袋があります。túi は「袋」です。つまり，これはエチケット袋のことですね。なお，よくない目にあうの bị はすでに見てきたとおりです。

say はもちろん酒に酔うことにも使い，Tôi bị say rồi.「わたしは酔った」なんて言います。

Tôi buồn ngủ.　眠たい。 **DL47**

堪えがたいですか？　そんなあなたには，この一文を捧げます。

Chúc ngủ ngon.　おやすみなさい。

ngon は「おいしい」ですが，ngủ「寝る，眠る」と合わせると「よく眠る」の意味になります。さて，寝る前に（！）ここで見ておきたいのは chúc です。相手に何かを願う，祈るときに使う表現です。「祈る」の意味ですね。

Chúc anh may mắn.　あなたの幸運を祈ります。

anh の位置には適切な 2 人称の語を入れます。また，省略することもできます。may mắn は「幸運，幸運な」の意味です。

Chúc sức khỏe.　健康を祈ります。

2 人称を省略した例です。sức khỏe は「健康」の意味です。この文は，「健康を祈る」のほかに，重要な場面でよく使われます。「乾杯」のときにもこう言うのです。ベトナム人との宴席に出かける前に覚えておきましょう。酒を飲んで「健康を祈る」とは粋，まさに百薬の長なのでしょう。

ベトナム人が好んで使い，しかし，ぴったりした訳が見つからないのが，

Chúc vui vẻ.

です。vui vẻ は「楽しい」の意味ですから，さしあたり「楽しくお過ごしください」でしょうか。

 わたし，祈ってます

いろいろな祈りかた，さらに chúc mừng を使ったお祝いのセリフも見ておきましょう。

Chúc thượng lộ bình an.　道中ご無事を祈ります。

遠出するひとにかけることばです。国道沿いの看板にも頻繁に出てきます。しかし，朝，会社に出かけるお父さんには言いません。やや改まった場面で使います。というのは thượng lộ は「長旅に出発する」の意味だからです。お父さんが出張に行く朝なら使えます。bình an は〈平安〉で，「事故や事件にあわず，無事に」を表わす語です。

Chúc ăn ngon.　おいしく召し上がれ。

ăn は「食べる」です。レストランの箸袋などにも書いてあります。

Chúc mừng năm mới.　新年おめでとう。

chúc mừng は「祝う」の意味です。năm は「年」，mới は「新しい」です。ベトナムは旧暦で正月を祝います。旧暦の正月は Tết「テト」といいます。

さまざまなお祝いがありますが，これも覚えておきましょう。

Chúc mừng sinh nhật. 誕生日おめでとう。

sinh nhật は「誕生日」の意味です。

Chúc trăm năm hạnh phúc. 末長くお幸せに。

trăm は数字の「100」，năm は「年」の意味で，trăm năm なら「100年」です。結婚式で新郎新婦にかけるお祝いのことばの定番です。

さて，ふたたび普段使いの表現をいくつか。

Chúc một ngày mới tốt đẹp. よい一日をお祈りします。

ここまでに出てきた語で言える，すてきなあいさつ表現です。メールやメッセージのやり取りでも使えますね。

Chúc cuối tuần vui vẻ. 楽しい週末をお過ごしください。

先ほど見た Chúc vui vẻ.「楽しくお過ごしください」の応用版です。cuối tuần「週末」も便利な語，ぜひ使ってみてください。

Đừng chúc em hạnh phúc わたしの幸せを祈らないで

chúc「祈る」の前に禁止を意味する đừng があって衝撃的ですが，これはベトナムで有名な歌謡曲のタイトル。hạnh phúc「幸せ」「幸福」とあわせて，心に留めておきましょう。

最後にわたしから読者のみなさんへ。

Chúc các bạn học tốt. みなさん，よく勉強されるように祈っています。

các bạn は「みなさん」です。bạn は「友達」を意味する語ですが，2人称の「あなた」として使うこともできます。ここではさらに複数を示す các がついているので，「みなさん」とか「あなたがた」の意味になります。

さらにもう一文！

Chúc các bạn thành công. みなさんの成功を祈っています。

この Chúc thành công. や Chúc thành công tốt đẹp. はベトナム人がよく使う表現です。tốt は「よい」，đẹp は「美しい」ですが，この文，日本語には訳しきれない感じですね。

(9) 動きは自由自在に

動作の表現は動詞の仕事ですね。動詞には「〜する」を意味するだけではなく，その動作の方向性を明示しているものがあります。

Long vào quán cà phê.　ロンは喫茶店に入る。　DL48

この文の動詞は vào です。単に quán cà phê「喫茶店」への移動を述べているのではなく，店の中に「入る」を意味しています。vào は広い場所から狭いところへの移動を表わします。喫茶店の中でより狭いところへの移動があれば，また vào を使って言うことができます。たとえば，phòng vệ sinh「トイレ」へ移動するならこう表わします。

Long vào phòng vệ sinh.　ロンはトイレに入る。

このような動詞は方向動詞と呼ばれ，ベトナム語ではかなり発達しています。ほかの例も見てみましょう。

Hoa ra sân.　ホアは庭に出る。

狭いところからの移動を表わすのが ra「出る」です。sân は「庭」を意味します。

Kim lên tầng 2. / Kim lên lầu 2.　キムは2階に上がる。

lên は「低いところから高いところへの移動」，つまり「上がる」や「上る」の意味です。tầng や lầu は「階」の意味です。lầu は南部で，tầng は北部で好まれます。ただし，南部の lầu 2 は日本の3階です。日本の1階は，地面に直接くっついているという意味の trệt を使って tầng trệt と呼びます。英語の ground floor と似ていますね。また，地下は tầng hầm です。*lầu hầm ではありません。lầu はもともと高い建物を意味する漢語の「楼」から来ているので，hầm「地面の下」とは相性がよくないのでしょう。

Hoa xuống lầu 2.　ホアは2階に下りる。

xuống は，lên とは逆に，高いところから低いところへの移動を表わします。
このふたつの文では，ホアもキムも2階に行くことに変わりありません。ベトナム語での「移動」は，どこからどこへ，どのような方向に移動するのかを動詞の使い分けによって言い表わすことが重要です。一見すると面倒くさい感じがし

ますが，便利な点もあります。たとえば lên lầu 3 なら，現在位置あるいは移動のスタートポイントが 2 階以下だということがわかりますね。

ポイント！　広→狭は vào　　狭→広は ra
　　　　　　低→高は lên　　高→低は xuống

また，xuống は高いところから低いところへの移動ですが，「下りる」からといって，3 階にいるロンが 2 階のフエ先生の部屋に行くときには，xuống ではなく，「着く」や「到達する」の意味の đến を使うこともあります。

Long đến phòng thầy Huệ.　ロンはフエ先生の部屋に行く。

phòng は「部屋」を意味します。3 階から 2 階への移動は物理的には xuống ですが，「下りる」では目上のひとに対して失礼になると考えて đến を使っています。

方向動詞の面白さはまだまだ続きます。ベトナムの地図を思い出してください。

Long vào Huế.　ロンはフエに行く。
Kim ra Huế.　キムはフエに行く。

ベトナム人なら，このふたつの文を見たとき，「ロンは北部からフエに行く。キムは南部にフエに行く」と間違いなく判断できます。しかし，文のどこにも miền Bắc「北部」とか miền Nam「南部」なんて書いてありません。

これは，vào と ra に重要な役割があるからです。vào は北部から南部への移動，ra は南部から北部への移動を表わします。単に「行く」「来る」ではなく，はっきりと方向を示しているのです。

世界歴史遺産の古都フエでロンとキムを待っているホアがこう言いました。

Hôm qua Long vào Huế.　昨日，ロンがフエに来た。
Ngày mai Kim ra Huế.　明日，キムがフエに来る。

vào や ra は南北間の移動を表わすとき，「行く」「来る」の両方で使えます。同じ用法は lên と xuống にもあります。例文を見てください。

Hoa xuống Cần Thơ.　ホアはカントーに行く。

カントーはメコンデルタの中心にあります。メコンデルタへの移動は xuống を使って表現します。反対にメコンデルタからホーチミン市への移動は lên で言

います。

Hoa lên Sài Gòn. ホアはサイゴンに行く。

lên や xuống が「行く」「来る」どちらにも使えるのは vào や ra と同様です。
ベトナム人は "vào Nam ra Bắc"「南へは vào，北へは ra」と言います。

> **ポイント！** 北→南は vào　南→北は ra
> メコンデルタへは xuống　デルタからは lên

さらに興味深いのは，このような方向動詞とほかの動詞との結合です。

Long chạy vào nhà. ロンは家に駆け込んだ。　　DL**49**
Long chạy ra ngoài. ロンは外に駆け出した。

chạy は「走る」の意味ですが，後ろに vào や ra がつくことによって，動き
の方向がよく見えるようになりますね。
viết は「書く」なので，viết ra なら「書き出す」，つまり書いて「表に出す」です。
小説や文学作品，あるいは自己の内面を書き出すときに使います。

"Nỗi buồn chiến tranh" do Bảo Ninh viết ra.
『戦争の悲しみ』はバオ・ニンによって書かれた。

では，ブログに書くのはどう表わすのかと調べると，多くは viết vào blog な
のでした。ブログに「書き込む」という感じでしょうか。
次は lên と xuống を用いた表現です。

Hoa đứng lên. ホアは立ち上がる。

đứng だけで「立つ」の意味ですが，lên が加わることで動作が鮮明になり，「立
ち上がる」と表現できます。反対に，ngồi「座る」は xuống を使って，

Hoa ngồi xuống. ホアは座る。

と言います。「腰を下ろす」という意味ですね。
いろいろ出てきましたが，後でこんなことにならないように...。

Tôi không nhớ ra được. わたしは思い出せない。

nhớ は「懐かしく思う」「覚える」「思い出す」の意味です。「思い出す」を言

うときには ra をつけて nhớ ra のかたちにすると意味がはっきりします。

持ち上げる

方向動詞で遊んでみませんか。

Long mang. ロンは持っていく。

mang は「持っていく，運ぶ」という意味を表わします。これに方向動詞を加えてみましょう。

Long mang lên.	lên は上への移動なので「持って上がる」
Long mang xuống.	xuống は下への移動なので「持って下りる」
Long mang ra.	ra は狭から広への移動なので「持ち出す」
Long mang vào.	vào は広から狭への移動なので「持ち込む」

そうそう，ロンがハノイから南部に運んで行くなら Long mang vào. ですね。このパターンで，「何を」，たとえば bánh「ケーキ，ビスケット，餅など」を持っていくというときには，動詞と方向動詞の間に挟み込みます。

Long mang bánh đến. ロンは餅を持ってくる。

では，次はどうでしょうか。

Long mang bánh về.

về は「帰る」ですから，「ロンは餅を持ち帰る」の意味です。mang về だけなら「テイクアウト」です。

最後にひとつ。

Long mang bánh về ăn. ロンは餅を持ち帰って食べる。

なお，ăn の前に「〜するために」の để があり về để ăn になっていれば，「食べるために持ち帰る」の意味が鮮明になりますが，ベトナム語の日常表現としては上の例文の方が自然でしょう。

(10) いつも, ときどき, たまに

ここまで動詞を使った表現を広げてきました。最後に, 動作の頻度を学んでおきましょう。　DL50

Long luôn luôn học tiếng Nhật.　ロンはいつもいつも日本語を勉強している。

動詞の前に luôn luôn があると, その動作は極めて頻繁に行なわれています。最も高い頻度を表わす語で,「いつもいつも」の意味です。

Long thường uống cà phê đá.　ロンはいつもアイスコーヒーを飲む。

thường も頻度が高いことを表わします。luôn luôn ほどの頻度ではありません。位置はやはり動詞の前です。đá は「氷」で, cà phê đá は「アイスコーヒー」です。

Buổi tối, Long thường học tiếng Nhật.　夜, ロンはたいてい日本語を勉強する。

習慣や傾向について「たいてい〜する」と述べるときにも使います。この文はロンの習慣を述べていますね。ほかに頻度は thường より低めの hay を使った表現もあります。

Long hay uống cà phê đá.
ロンはよくアイスコーヒーを飲む。(量ではなく, 頻度であることに注意)
Anh ấy hay quên.　　彼はよく忘れる。

それほど頻度が高くない場合は thỉnh thoảng「ときどき, たまに」を使いましょう。

Hoa thỉnh thoảng đi chơi.　ホアはときどき遊びに行く。

文頭に置くこともできます。

Thỉnh thoảng tôi nghe nhạc Việt Nam.　ときどきわたしはベトナム音楽を聞く。

nhạc は「音楽」。nghe nhạc で「音楽を聞く」の意味です。thỉnh thoảng 学 tiếng Việt だとちょっとさびしいですが…。
逆に頻度が少ないことを表わすには ít khi を使います。　DL51

Ít khi tôi nghe nhạc Việt Nam.　わたしはあまりベトナム音楽を聞かない。

ít は「少ない」, khi は「時」を意味します。「少ないとき〜する」のかたちで, 文の意味としては「あまり〜しない」です。Tôi ít khi nghe nhạc Việt Nam. のように, ít khi を文中に持ってきて動詞の前に置くこともできます。

Tôi không bao giờ đi hát karaoke. わたしは決してカラオケに行かない。

không bao giờ は極めて強い否定です。文末に nữa をつければ,

Tôi không bao giờ đi hát karaoke nữa.

わたしはもう二度とカラオケに行かない。

となります。【không bao giờ + 動詞句 + nữa】は「もう二度と〜しない」の意味です。hát は「歌う」, karaoke はもちろん「カラオケ」です。

Tôi chưa bao giờ đi Việt Nam. わたしはまだベトナムに行ったことがない。

これは chưa「まだ〜ない」が入っているので,「一度も〜しない, していない」の意味です。「経験がある」ことを表わす từng を使った,

Tôi chưa từng đi Việt Nam. わたしはまだベトナムに行ったことがない。

という文もあります。なお, 逆に「経験がある」と言いたいときは,

Tôi từng đi Việt Nam. / Tôi đã từng đi Việt Nam.

にします。この文は, 単に「行った」ではなく,「行ったことがある」です。

頻度を表わす, ほかの表現も見ておきましょう。

国道を車で走ると, "Đoạn đường thường xuyên xảy ra tai nạn" という標識を見かけます。đoạn đường は「区間」です。xảy ra は「発生する」, tai nạn〈災難〉は「事故」を表わす語なので, この標識の意味は「事故頻発区間」です。thường xuyên は thường と同じく, 頻度が高いことを表わし,「頻繁に」の意味です。書きことばや文書では thường よりも thường xuyên の方が好まれます。動詞の前に置きます。

他方で, 口語表現でよく出てくるのが hoài を使った表現です。

Anh ấy đi Việt Nam hoài.

これは「彼はベトナムに行ってばっかり」の意味です。hoài は, 継続性や連続性がある動きに対して, 嘆いたり, 皮肉をいったりするのに便利ですから, こんな例文はいかがでしょうか。

Long nhậu hoài.　ロンは酒を飲んでばっかり。

　nhậu は「酒やビールを飲む」です。酒・ビールなどの「飲みもの」までが具体的に含まれる「便利な」動詞です。日本語の漢字では「呑む」でしょうか。辞書を引くと，ご丁寧に「おつまみとともに酒，ビールを飲む」と書いてあります。辞書の編集者もなかなかイケるクチなのかもしれません。

 ## 「頻度」の見極め

いつもいつも	**luôn luôn**	たいてい	**thường**
よく，しばしば	**hay**	ときどき，たまに	**thỉnh thoảng**
あまり～ない	**ít khi**	決してない	**không bao giờ**
二度としない	**không bao giờ nữa**	いまだない	**chưa bao giờ**
			chưa từng

　動詞をここまで広げたら，ひと休みです。もちろん，このセリフと一緒に。

Đi chơi đi!　さあ，遊びに行こう！

ビニール袋に Không!

　街を歩いてると大きな看板に出くわしました。さっそく意味を考えてみます。

　hãy は「命令」でしたね。hãy nói なので「言いなさい！」です。何を言えばいいのか，それは không，つまり「ノー」です。

　では，何にノーと言うのか。túi ni lông を見てください。túi は「ポケット，袋」の意味です。ni lông は nylon のベトナム語読みで，意味はもちろん「ナイロン」です。

　「ビニール袋にノーと言いなさい！」と書いてあるのです。

　エコバッグ推進の看板，ということでしょうか。

　với は「～と一緒に」の意味ですが，ほかに「～に対して」と行為や動作の対象を表わすこともできます。

　このシリーズには Hãy nói không với ma túy があります。ma túy は「麻薬」の意味です。

第2章

「物の名前」を広げる　～名詞を使った表現を広げる

（1）どんな物なのかを見分けよう

　これから「物の名前」をじっくり見ますが，まず，全体像を眺めましょう。「物の名前」としてまず思い浮かぶのは，Việt Nam「ベトナム」，Nhật Bản「日本」のような固有名詞ですね。固有名詞には国名や Hà Nội「ハノイ」，Đồng bằng Sông Cửu Long「メコンデルタ」などの地名・地域名，Hồ Chí Minh「ホー・チ・ミン」などの人名があります。固有名詞は，音節ごとに最初の1文字を大文字で書きます。

　固有名詞に対して，mèo「猫」，chó「犬」，gạo「コメ」，sông「川」，kính「眼鏡」，sách「本」，giường「ベッド」，thịt「肉」のように，何か個別・特定のものと1対1の結びつきがなく，一般的なものは一般名詞と呼ばれます。こちらは，文頭にあれば大文字ですが，ふつう小文字で書きます。

> **ポイント!**　まずは固有名詞と一般名詞
> 　　　　　　固有名詞は音節はじめを大文字で書く

　次に文の中での役割を再確認しておきましょう。

Mèo bắt chuột.　猫はネズミを捕まえる。

　bắt は「捕まえる」の意味です。mèo は文の主語になっています。そして，chuột はネズミを意味する名詞ですが，こちらは文の補語ですね。名詞は文の主語や補語になるのです。

Bố bị cảnh sát bắt.　父は警察に捕まった。

　bố は「父」ですが，次の bị は受動表現で見ましたね。ここでは cảnh sát〈警察〉に注目してください。これは，警察や警察官を意味する語です。組織や職業を表わす語も名詞です。

Bố là giáo viên, mẹ là bác sĩ.　父は教員で，母は医師だ。

giáo viên「教員」や bác sĩ「医師」のほかにも học sinh「学生」, sinh viên「大学生」,

nông dân「農民」，thư ký「秘書」などがあります。職業だけでなく，広く人間に関連する名前，つまり mẹ「母」，bố「父」，anh「兄」，chị「姉」なども名詞です。

Hôm nay mẹ mua 2 kí gạo. 　今日，母はコメを2キロ買った。

ここで出てくる kí は「キログラム」を意味する名詞です。数詞＋度量衡の名詞＋名詞のかたちを覚えておくと便利です。mua は「買う」の意味です。

Hôm qua Long chạy 3 cây số. 　昨日，ロンは3キロ走った。

chạy は「走る」を意味する動詞です。ベトナムの主要道路には1キロごとにコンクリート製の柱があり「○○まで何キロ」と書いてあります。このキロポストを cây số と呼び，1キロメートルのことを 1 cây số と言います。なお，kilômét「キロメートル」や mét「メートル」，さらに同じように kilôgam「キログラム」や gam「グラム」という度量衡の名詞もあります。さらに，hôm nay「今日」や hôm qua「昨日」のような時間を表わす語も名詞です。

Bên phải nhà hàng là khách sạn. 　レストランの右側はホテルだ。

bên は「そば」とか「側」を意味する名詞です。phải「右の」，trái「左の」，trong「中の」，ngoài「外の」などの語をともなって，場所を表わします。nhà hàng は「レストラン」，khách sạn は「ホテル」の意味で，どちらも覚えておくと便利な語です。

（ポイント！） 度量衡，場所や時間を表わすのも名詞の仕事

 ## 度量衡あれこれ

長さの単位では，phân「センチメートル」がよく使われます。また，平方を表わす vuông，立方を表わす khối にも親しんでおきたいものです。

Nhà tôi rộng 100 mét vuông.
わたしの家は100㎡だ。（nhà は「家」，rộng は「広い」の意味）

Tôi có xe máy 100 phân khối. 　わたしは排気量100ccのバイクを持っている。

重さの単位で便利なのは lạng「100グラム」や kí, cân（どちらも1キログラム）です。下の文の có は「持つ，ある」，xe máy は「バイク」。ともによく使う語です。

Mẹ mua 3 lạng thịt. 母は肉を 300 グラム買った。(thịt 「肉」)

lạng や kí, cân が上手に使えるようになれば, 市場での買い物も一層楽しいですね。300 gam ではなく 3 lạng と言って, 店のひとをびっくりさせましょうか。

さて, ベトナム語教師泣かせの質問に「『これは何ですか』ってベトナム語で言ってください」というのがあります。「何」がナニなのかで, 言いかたが異なるからです。ちょっと見てください。

DL 52

Đây là cái gì? これは何ですか。　　**Đây là cái phin.** これはコーヒーフィルターです。

Đây là con gì? これは何ですか。　　**Đây là con tắc kè** これはヤモリです。

gì は「何?」を尋ねる疑問詞ですね。cái や con は何でしょうか。名詞を考えるときに, この2語はとても大切な役割を果たします。phin はベトナムコーヒーを入れるための独特のフィルター, tắc kè はヤモリ, どちらもベトナム旅行できっと目にするものです。尋ねる文でフィルターを指しながら con gì? はだめ, ヤモリを指して cái gì? もだめ。答える文では con phin はだめ, cái tắc kè もだめ…。少し復習してみましょう。

cái と con の差は,「生きているかどうか」でしたね。ベトナム語の一般名詞は, まず「生きているもの」と「生きていないもの」に大きく区別され, 前者には con, 後者には cái という類別詞がつきます。

> **ポイント!**　名詞を区別する類別詞
> 生物は con　無生物は cái

今度は少し毛色が変わっています。こんな掲示物を目にしました。

Thông báo về việc mua bảo hiểm y tế 医療保険加入についてのお知らせ

thông báo〈通報〉は「連絡する, お知らせする」「通知」などの意味です。次の về「〜について」とセットで覚えておくと便利です。bảo hiểm〈保険〉は「保険」, y tế が「医療」です。mua は「買う」の意味で, なじみがありますね。では mua の前の việc は?　実は, việc は動詞の前について, その動詞を名詞化する働きを持っています。「việc +動詞」は名詞です。việc ăn uống なら「飲食」, việc học hành は「学業」の意味です。動詞の名詞化を担う部品には, ほかにも sự thay đổi「変更」の sự, cuộc gặp「面会」の cuộc などがあります。

　名詞化できるのは動詞だけではありません。"Nỗi đau" という歌謡曲があります。đau は「痛い」。nỗi は望まない境遇，悲しい心境を言い表わす性詞にくっついて，名詞化する部品です。したがってこの曲名は『痛み』ですね。同じ「痛み」でも，本当に痛い，頭痛とか歯痛には，肉体的な苦痛を表わす語につく con をとって con đau と言います。

ベトナム語の部品

　類別詞の「世界」は実に面白く，実に複雑です。ここでは頻度が高くて親しみやすいものをまとめておきましょう。

(1) bức は表面が薄くて平らなものにつく類別詞です。

bức tranh　絵　　　　**bức thư**　手紙　　　　**bức ảnh**　写真

(2) quyển や cuốn（南部）はノートや本，雑誌など綴じてあるものにつく類別詞。

quyển vở　ノート　　**quyển sổ**　帳面　　　**cuốn sách**　本

(3) tờ は紙につく類別詞。白紙，印刷物どちらでもかまいません。

tờ giấy　紙　　　　**tờ tiền**　紙幣　　　　**tờ báo**　新聞

(4) chiếc は日用品，工業製品，建築物などモノ全般に幅広く使います。

chiếc chiếu　ござ　　**chiếc xe đạp**　自転車　**chiếc cầu**　橋

(5) đôi はペアのもの，bộ はセットものにつく類別詞。

đôi đũa　箸　　　　**đôi vợ chồng**　夫婦　**bộ quần áo**　衣服

(6) quả や trái（南部）は果物につく類別詞。

quả lê　梨　　　　　**trái bưởi**　ザボン　　**trái xoài**　マンゴー

　ひとつの名詞に対して複数の類別詞があります。それぞれ，「どの視点から」区別するのかが異なります。

(2) 名詞の構造を見てみよう

　名詞には，xoài「マンゴー」や bưởi「ザボン」，dâu「イチゴ」のように1音節で1語のもの，dưa hấu「西瓜」や sa bô che「シャム柿」のように複数の音節で成り立っているものがあります。

　複数の音節で成り立っている語を分析するのはなかなか面白い作業です。

Long phải chuẩn bị quần áo mùa đông.　　　　　　　　DL53

ロンは冬物の衣服を準備しなければならない。

　chuẩn bị〈準備〉は「準備する」です。日本語と音が似ていますね。次の quần áo を見てください。áo はアオザイの áo ですから上半身に着けるもの，quần は下半身に着けるものです。しかし，quần áo はこれで1語，意味は「衣服」です。上下関係なく，服全般のことです。mùa đông は「冬，冬季」の意味です。

Hoa đi mua bàn ghế.　ホアは家具を買いに行く。

　bàn は1語で「机，テーブル」，ghế は「椅子」です。では，bàn ghế は？　これも1語なのです。意味は机と椅子，ではなく「家具」です。テーブルと椅子に限定されることなく，家具全般のことです。まずは，同じ分類に属するものを表わす名詞を並べて全体的，包括的な意味を持つ名詞を作るしくみを見ました。

Long đang tìm dấu vết tình yêu.　ロンは愛の傷跡を探している。

　dấu も vết も意味は同じで「跡」とか「しるし」です。辞書では互いが「同義語」として紹介されています。同義，あるいは近似した意味の語を並べて「痕跡」「軌跡」と抽象的な名詞を作っています。なお，tình yêu は「愛情」。重要語彙ですよね！

Đường phố đầy xe cộ.　道路は車でいっぱいだ。

　đầy は「満ち溢れている」の意味です。カンを働かせると đường phố が「道路」，xe cộ が「車」だと見えてきますね。đường も phố も道，道路の意味で，dấu vết と同じような作りです。他方で xe cộ は，意味は「車」で，しかもトラックもバスも乗用車もバイクも全部ひっくるめて「車」全般ですが，cộ は現代のベトナム語では使わない語です。

　このように複数の語や要素で1語が成り立っているものを từ ghép「合成語，複合語」と呼びます。わたしは「合成語」の「合成」があまり気に入りません。

何だか合成添加物を連想してネガティブな感じがしますし，強引に結合させて作った語という（勝手な）印象を抱かせます。しかし，ghép は「結合する，（植物や臓器を）移植する」という意味で，わたしの先入観はまったく的外れでした。文法用語の良し悪しはともかく，イメージがつかめたら，それでいいでしょう。なお，合成語は名詞以外の品詞にも数多くあります。

　今まで見てきたのは同じ範疇の語どうしや同義語を並べたパターンで，語を構成する要素はそれぞれ「対等」でした。次のグループは要素の間の関係が「見もの」です。

Kim đi chợ, mua dưa chuột, dưa hấu và dưa lê.

キムは市場に行って，胡瓜，西瓜とマクワ瓜を買った。

　ベトナム語と日本語訳をよく比べてみると，dưa =「瓜」が見えてきますね。では chuột が「胡」で hấu が「西」？　残念ながらそんなに単純ではありません。dưa は瓜類全般を指す名詞です。「まずは大きな区別を。その後に小さな区別，特徴を示す」ベトナム語の原則を思い出してください。まず「瓜だ」と大きな区別を，そして後でどんな瓜なのかを言うのです。hấu には特別な意味がないので，結合の理由は見えません。dưa lê「マクワ瓜」の場合は，lê「梨」のように甘く，やや赤みや黄色がかった皮による「小さな区別」です。また，chuột はネズミの意味ですから，小さくて細長くてニュルっとした印象をもとにした区別でしょう。ベトナムには大きい瓜が各種ありますから…。

　これらは第1音節の語が「大きな区別」，続く2音節目が「小さな区別」を担当していて，互いの関係は正と副であると考えられます。

> **ポイント！**　合成語は大きく分けて「対等」と「正副」の2種類

Việt Nam có xe lửa, nhưng chưa có xe điện.

ベトナムには汽車はあるが電車はまだない。

　最初は xe「車」と大きな区別，その後に「火」を意味する lửa，「電気」の điện がついて，どんな「車」なのかを具体的に表わしています。xe が正，lửa が副の関係で，副の役割は「差異を表わすこと」です。

　次の例もなかなか面白い気づきを与えてくれます。

Thầy Huệ dạy 2 môn, ngôn ngữ học và ngữ âm học.

フエ先生は言語学と音声学の2科目を教える。

dạy は「教える」，môn は「科目」です。次の ngôn ngữ học は「言語学」，ngữ âm học は「音声学」の意味ですが，ここでは học に注目してほしいのです。どう見ても，học は学問領域という大きな区別をしていますね。ベトナム語では「大きな区別は前」と言われたばかりなのに！と怒る気持ちはわかります。しかし，ベトナム語の語彙のうち，およそ 60 パーセントは漢語由来です。ベトナム語と漢語では修飾・被修飾の語順が逆なのです。漢語では大きな区別は後，したがってベトナム語の 60 パーセントを占める漢語由来の語（これを từ Hán Việt「漢越語」と呼びますね）でも正副の位置が入れ替わります。học は〈学〉の漢越語です。

Long là giám đốc, Kim là tổng giám đốc. ロンは社長で，キムは会長だ。

giám đốc は組織・機関の長，社長の意味です。キムの役職をみると，tổng がついていて，社長のロンよりも偉いですね。この tổng は漢越語の〈総〉という語で，ここでは名詞や動詞の前について，文字通り「全部」「すべて込みで」「最上位の」という区別をする部品になっています。

Nam là phó hiệu trưởng. ナムは副校長だ。

hiệu trưởng は「校長」です。phó が「副」だと気付きましたか。phó は名詞の前後について，「2番目の」「補佐の」という意味を添えた語を作り出します。

ここまで見ると，ベトナム語の語彙をただ丸暗記してしまうのは「もったいない」感じがします。もちろん，外国語の勉強には一定量の丸暗記，理屈抜きのたたき込みも不可欠です。しかし，文にしくみがあるように，語にもしくみがあるのですから，そのしくみを知ることは重要ですし，とても興味深いですね。

 ## 造語の面白さ

次のお話は，「造語」の面白さ，新語誕生のメカニズムです。合成語の説明を読み返してから，楽しんでください。

ベトナムは国土の東側が東シナ海に面し，長い海岸線をもつ海洋国で，漁業が盛んです。漁師や，海上運送に携わるひとの天敵に hải tặc「海賊」がいます。

hải tặc は漢越語〈海賊〉です。こんにちのベトナム人の多くは漢字の読み書きができません。日本語や中国語の漢字を見ても，字の意味を理解できません。

しかし，漢越語の hải という要素が「海」を意味することはわかります。hải にあたれば，それが何か海に関連する語だなと推測することができます。tặc の意味は，残念ながら漢語の知識や素養があるひとしかわかりません。盗賊，悪い奴を意味する「賊」をベトナム語で tặc の 1 語で表わすことはなく，hải を使う漢越語がたくさんある一方で，tặc を使う語があまり見当たらないことも一因です。son は漢越語で〈山〉ですが，son tặc なんていう語は今のところありません。

　今のところ，というのは，将来は出てくるかもしれないからです。近年，ベトナムの新聞には nghêu tặc という語が頻繁に出てきます。伝統的な国語辞典には出てこない語です。しかし，ベトナム人は「ハマグリ泥棒」の意味でふつうに使っています。nghêu は「ハマグリ」で，浅瀬での養殖が盛んです。管理のスキを衝いて，養殖場からハマグリを根こそぎ盗んでいく犯罪が横行しています。tặc は強盗，匪賊を意味する要素だとわかっているからこそ，こういう語が誕生するのです。つまり，ビール工場に忍び込んで出荷待ちのビールを盗む人間が出てくれば bia tặc と呼ばれるかもしれないし，園芸作物を強盗する花盗人は hoa tặc になるでしょう。

　また，都市部では犬を飼うのが流行していますが，高級犬を狙った chó tặc「犬泥棒」も増えてきました。一方で，不思議なのは đinh tặc という表現。đinh は「釘」の意味です。頻繁にアップされるネットニュースを見ると，路面いっぱいに釘が散らばった国道の写真。「釘泥棒？」と思ったのですが，さにあらず。釘を道路にばらまいて，通行する車やバイクのタイヤをパンクさせて，修理で荒稼ぎしたい悪徳業者の自作自演なのでした。

　そして，今の時代は tin tặc に注意しなければ！ tin は「情報」ですから，これは「情報泥棒」，つまり「ハッカー」の意味です。

　次はどんな tặc が出現するのでしょうか。恋ごころを意味する tình を使って tình tặc「恋泥棒」なって色っぽい表現を考えたのですが，ベトナムの友人はシブい顔をしていました。

　さて，日本のスーパーで「肉どろぼう」という名称の焼き肉のたれを見かけました。すごいネーミングに驚愕しましたが，このセンスはベトナム人にも通じると思います。ソースやたれを意味する名詞 sốt を前にして，sốt thịt tặc（thịt は「肉」）なんてどうでしょう。あるいは酒のおつまみ，rượu tặc という新ブランドを立ち上げる…。

　rượu の意味は，もちろん「酒」です。

　造語の可能性は無限大です。こんな話をつまみにしてベトナム人と楽しく一献傾けるのは至福のひとときです。

(3) 個別か，全般か

Hôm nay Hoa và Kim đi mua bàn ghế. 今日，ホアとキムは家具を買いに行く。

「家具を買いに行く」の話を思い出してください。bàn ghế は机と椅子，の意味ではなく家具全般でしたね。quần áo や bàn ghế 以外にも，このような総称の名詞があるので見ておきましょう。

Long thích ăn hoa quả. ロンは果物を食べるのが好きだ。

hoa quả は果物全般です。どんな果物か，種類は特定されていません。とにかく果物が好き，ということです。なお，南部では trái cây という語を使います。

Tổ chức NGO tặng sách vở cho học sinh nghèo.
NGO 組織は貧しい学生に勉強道具を贈った。

sách vở は「本，ノートなどの勉強道具や研究資料」を指す語です。いま，みなさんの手元にこの本とメモ帳，筆記具があれば，それを総称するのが sách vở です。tổ chức〈組織〉は「組織，組織する」，học sinh〈学生〉は「学生」，nghèo は「貧しい」です。また，tặng「贈る」は【tặng ＋物＋ cho ＋相手】のかたちで「〜さんに...を贈る」を表わします。

Cửa hàng giày dép ở đâu? 履きもの屋はどこにありますか。

文のはじめの cửa hàng は「商店」「お店」の意味です。次の giày dép「履きもの」が合成語です。作りを見てみると，giày「靴」と dép「サンダル」がくっついてできています。giày dép は「靴とサンダル」ではなく，履きもの全般を表わす語です。

Long làm việc ở ngành báo chí. ロンは報道分野で仕事している。

làm việc は「仕事する」ですね。ngành は「分野」や「領域」を意味する語です。次の báo chí を見てください。báo「新聞」と，そして「雑誌」を表わす tạp chí の chí から成り立つ語です。「報道」とか「ジャーナリズム」などを意味する総称の名詞です

ベトナム語の辞書を引いたときに [nói khái quát] という表示があれば，それが「全般的・包括的な言いかた」の意味ですから，目印にしましょう。

110

> ### ポイント！ ざっくりと全般的・包括的な意味の名詞（総称の名詞）は
> [nói khái quát] が目印

Chúng ta phải tuân thủ pháp luật. 我々は法律を順守しなければならない。

　ちょっと硬い例文ですね。pháp luật〈法律〉は「法律」の意味，漢越語です。個別にナントカ法を，ではなく，法律すべて順守しなければならないので，こういう文こそ総称の名詞が大活躍です。chúng ta は「我々」，そして tuân thủ は「順守する」を意味します。

Bác sĩ Nho say mê nghề nghiệp. ニョー医師は（自分の）職業に専心している。

　この文の nghề nghiệp も総称の名詞で，意味は「職業」です。

　say は「酔う」，mê は「夢中になる」ですが，say mê はこれで「ほかのことが目に入らなくなるほどに夢中で取り組む，無我夢中でやる」という 1 語です。今のわたしたちなら say mê học tiếng Việt ですね！

　せっかく「夢中」に勉強しているので，ひとつ大切なお話を。tuân thủ pháp luật「法律を順守する」と say mê nghề nghiệp「職業に専心する」を一度発音してみてください。動詞部分は tuân thủ と say mê，どちらも 2 音節。補語部分を見ると pháp luật と nghề nghiệp，ともに 2 音節。このように動詞と補語で音節の数が揃っているとベトナム語として響きがよい表現になります。ベトナム語は響きのよさも大切にする言語です。音節の数を揃えた表現は文学作品に多く出てきますし，日常会話でも「こなれた言い回し」として頻繁に現われます。

　さて，次の文も見てください。

Gia đình tôi có 2 anh em. わたしの家族は 2 人きょうだいです。

　anh は兄，em は弟あるいは妹の意味ですが，anh em は「きょうだい」の総称です。兄妹でも姉妹でも姉弟でも，ともかく anh em です。gia đình は「家族」を意味します。

　実は，この anh em という語，総称の名詞は数えることができない大原則を破る，例外的な存在です。ほかには mẹ con「母子」，thầy trò「師弟」などがあります。いままで見てきた bàn ghế「家具」，hoa quả「果物」などの総称の名詞は「ひとつ，ふたつ」と数を数えることはできません。「たくさん」「少ない」と量をいうことはできますが，原則的に数詞や類別詞とは結合しません。

次のケースを考えてみましょう。　　**DL 54**

Việt Nam có nhiều hoa quả.　ベトナムにはたくさんの果物がある。

果物が nhiều「たくさん」あると述べています。hoa quả は総称の名詞なので数えることはできないものの，量や種類が多いということはできます。レストランで食後のフルーツを勧めるときに店員は，

Hôm nay có 3 loại hoa quả: cam, đu đủ và dưa hấu.

今日は果物が3種類あります。オレンジ，パパイヤ，スイカです。

のように声をかけてます。loại「種類」という語がありますね。hoa quả を数えているのではなく loại を数えているから，上の表現になります。*Hôm nay có 3 hoa quả. とは言いません。

最後に総称の名詞を作る便利な部品を紹介しておきます。

Hoa mua đồ chơi cho con.　ホアは子供におもちゃを買う。

đồ chơi を見てください。chơi は「遊ぶ」を意味します。đồ は「モノ」を意味する語で，đồ chơi なら「遊ぶモノ」すなわち「おもちゃ」です。【mua ＋物＋cho ＋相手】は「～さんに...を買う，買ってあげる」を表わすパターンです。また，con は「子供」を意味する語です。

Ở nhà có đồ ăn không?　うちに食べものありますか。

「食べる」を意味する動詞 ăn にくっつくと「食べもの」になります。飲みものなら đồ uống です。このように đồ で始まる語はおおむね総称の名詞で，やはり数えることはできません。

Có. Có đồ hộp.　あります。缶詰があります。

hộp は「缶」です。đồ hộp は「缶詰」の意味ですが，総称の名詞なので数えられません。「缶に入った食べもの」全般を指す語です。「缶詰はひと缶，ふた缶と数えられます」という反論が聞こえますが，それは日本語の世界です。ベトナム語では，たとえばツナの缶詰なら cá ngừ đóng hộp と呼びます。đóng は「閉じる」や「封をする」を表わす動詞で，đóng hộp は「缶に詰める」の意味です。

直訳すれば「缶に詰まったツナ」ですね。そして，これを数えるなら缶につく類別詞 hộp を使って，một hộp cá ngừ đóng hộp「ツナの缶詰ひと缶」と表現します。

Hoa dọn dẹp đồ đạc.　ホアは物を片づける。

đồ đạc は家庭生活に必要な家事の道具の総称名詞で，日本語にすれば「物」でしょうか。家の中にある生活用品全般を意味します。なお，dọn dẹp は「片づける」で 2 音節！　補語の đồ đạc も 2 音節。響きがいい組み合わせなのです。

このように đồ は「モノ」。ここまでは「物」の例ばかりを見てきましたが，đồ を使って「者」も表現できます。ちょっと品位を欠くのでためらいがありますが，ベトナム語の知識を広げることを優先しましょう。

Đồ ngốc!　　　　　　**Đồ ăn hại!**

ngốc は「バカ」，南部では ngu といいます。ăn hại は「飯を食べるだけで他人に何ら利益をもたらさない，のみならず他人に害を加える」の意味ですから，日本語の「無駄飯」よりも強烈な意味です。đồ で始まる罵りのことばは実に多種多様，とても書籍には書ききれませんから，あとは現地で体験してください。いやはや，こんな例文が役立たないことを祈るばかりです。

(4) 類別詞の使いかた：どんな魚なのか，何か特定の魚なのか

お魚が好きなひとも，そうでないひとも一緒に考えてみましょう。

Tôi thích ăn cá.　わたしは魚を食べるのが好きだ。　　**DL 55**

cá は「魚」です。魚全般が好きなので，種類を限定しないで，このように一般論として述べるときには，類別詞をつけずに「名詞丸出し」で表現します。

Tôi ăn con cá này.　わたしはこの魚を食べる。

これは nhà hàng hải sản「シーフードレストラン」のいけすを前にしてのセリフです。いろいろ泳いでいますが，「この魚！」と限定しています。類別詞＋名詞＋指示詞のかたちは，ものを限定して具体的に述べるときに使います。

さて，素材を選んで，ビールを飲みながら待つことしばし，料理のお出ましです。

Tôi ăn con cá.　わたしは魚を食べる。

魚，エビ，蟹と魚介類がたくさん並びましたが，まずは魚がいいなあ，ならばこの言いかたですね。

類別詞＋名詞は，ほかのものから区別するときに使えます。「名詞丸出し」ほどの一般論ではなく，かといって「ズバリこれ」と限定するわけでもなく，話し手と聞き手の双方が理解できる小さな範囲での「部分的な限定」です。

ポイント!　「名詞丸出し」で一般論
　　　　　類別詞付きの名詞は「やや限定的」「少し身近」
　　　　　【類別詞＋名詞＋指示詞】でズバリ限定

ロンに取り分けてもらうときに，類別詞のただしい使いかたが役立ちます。例文を見ながら考えましょう。

Long lấy cá cho tôi.　ロン，わたしに魚を取ってください。

この文は魚料理をとってもらうときに広く使えます。lấy は「取る」の意味です。ロンは，魚の切り身のフライをひと切れや，魚の煮つけをひと口ぶん取り分けてくれるでしょう。あるいは一匹丸ごと取ってくれるかもしれません。特定ではありません。

Long lấy con cá này cho tôi.　ロン，わたしにこの魚を取ってください。

　小さいサイズの魚が何匹か料理してあるので，その中で「これを！」と指定して取り分けてもらいます。エビ，蟹ではなく「魚」だということが話し手と聞き手でわかっていれば，Long lấy con này cho tôi. と cá を省略しても大丈夫です。

Long lấy con cá cho tôi.　ロン，わたしに魚一匹取ってください。

　これは「魚取って」は同じですが，一匹丸ごとです。なお，話し手と聞き手が「魚」だとわかっていれば，やはり cá を省略して lấy con cho tôi「一匹取って」ということができます。何匹かある，そのうちの「ズバリこれ」というほど限定はしていませんが，「一匹」の意味になります。

　さて，ロンにフライ盛り合わせの皿から，エビフライではなく，イカフライでもなく，「魚」フライひと切れを取ってほしいなら，

Long lấy một miếng cá cho tôi.　ロン，わたしに魚ひと切れ取ってください。

といいます。miếng はひと切れ，ひとかけらを意味する類別詞です。一匹丸ごとは một con，半身なら nửa con，ひと切れは một miếng です。

　では，応用問題をふたつ。「魚フライ」をひと切れ取ってほしいのですが，カラッと揚がっていて一番おいしそうなひと切れを特定して，「このひと切れをください」と頼んでみましょう。

Long lấy miếng cá này cho tôi.　ロン，わたしにこの魚ひと切れ取ってください。

　類別詞 miếng と指示詞 này が出てきたので，「ほかのどれでもなく，これ」と限定しています。また，特別に「ひとつだけ」というのでなければ，数詞を加えなくてもきちんと通じます。

　ベトナムのアヒル料理もおすすめですね。今日は中華風のローストダックを頼んでみましょう。アヒルは vịt です。料理法の「炙る」は，quay と言います。

Cho tôi vịt quay.　ローストダックをください。

　単に「...をください」は【Cho tôi ＋物】が一番便利なかたちです。
　一匹では多いかなというときは，どうしますか。こんな言いかたができますね。

Cho tôi nửa con.　半身をください。

これでかなり細かいやり取りができるようになりました。今度は，魚に続いて猫で再確認。でも，今度は食べるわけにはいかないので…。

Mèo kêu.　猫は鳴く。

これは，猫は鳴くという事実を述べた文です。kêu は動詞で，「鳴く」「叫ぶ」の意味です。この文と次の文を比べてみてください。

Con mèo kêu.　猫が鳴く。

実際に猫が鳴いていて，話し手と聞き手がその鳴き声を聞きながら「猫が鳴いているねえ」という感じです。猫の姿を目にしている，あるいはどこかで鳴いているのが聞こえる，両方に使えます。自分にかかわりのある範囲にいる猫について述べています。類別詞付きの名詞は「少し身近」なのです。逆に，これを猫が鳴いていないときに言うと，やや奇異です。というのは，前後の脈絡によって「猫というものは鳴くものだ」と，猫をほかの動物から区別して述べる意味になります。類別詞付きの名詞は「やや限定的」でもあるので，種全体（ここでは猫）をほか（ここではほかの動物）から区別することができます。

Con mèo này kêu.　この猫が鳴く。

話し手と聞き手から近い場所で猫が鳴いています。双方にはどの猫が鳴いているのかわかっています。類別詞と指示詞がそろっているのでズバリ限定です。漠然とした事柄でもなく，猫という種の特徴について述べているのでもなく，特定の猫について述べています。

類別詞のもうひとつの役割

類別詞の大切な役割をもうひとつ見ておきます。

Hoa có 2 con mèo.　ホアは猫を二匹飼っている。

数詞と名詞の間に類別詞が必要です。一般的に ＊2 mèo という結合はありません。名詞に対して適切な類別詞を選んで使います。

2 con mèo này là mèo của Hoa.　この二匹の猫はホアの猫です。

後の並びかたに注目してください。「この二匹の猫」は【数詞＋類別詞＋名詞＋指示詞】の順で言い表わしています。

さて，この二匹の猫が黒いなら，đen「黒い」をどこに入れたらよいでしょうか。

2 con mèo đen này là mèo của Hoa. この二匹の黒猫はホアの猫です。

性詞は名詞の直後に置く決まりですから，mèo「猫」の次に đen が来ていますね。

次は類別詞の使い分けを考えてみる例です。類別詞＋名詞の組み合わせに気を付けてみてください。

Long mua 2 quyển sách và 1 cây bút bi.

ロンは本二冊とボールペン一本を買った。

例文では，sách「本」の類別詞は quyển，bút bi「ボールペン」には cây を，と使い分けていますね。このような使い分けがきちんとできるようになれば「一丁前」です。

さらに見てみましょう。　🔘**DL 57**

Bệnh viện Chợ Rẫy có 500 bác sĩ. チョライ病院には 500 人の医師がいる。

Khoa Việt Nam học có khoảng 300 sinh viên.

ベトナム語学部には約 300 人の学生がいる。

bác sĩ「医師」，sinh viên「大学生」など，ひとの職業や身分を表わす名詞は，数詞が直接並びます。bệnh viện〈病院〉は「病院」で, khoa〈科〉は大学の「学部」や病院の「科」の意味です。また，khoảng は「約」「おおよそ」の意味で，数詞の前に置いて使います。

(5) こそあど再確認

　名詞のお話の最後に，もう一度確認しておきたいのが「こそあど」です。まずはヤモリと一緒に「ものやところの『こそあど』」を見ておきましょう。

Đây là con tắc kè.　これはヤモリだ。　　　　　　　　　　DL58

　đây が「こそあど」の部品，つまり指示詞です。đây は話し手と聞き手が同じ場所にいるときや，話し手に近いものについて述べるときに使う，指示詞です。

Con này là con tắc kè.　これはヤモリだ。

　con này と言っていますから，「この生きもの」ですね。này は「こ」を担当します。

Hoa thích ăn chè ở đây.　ホアはここでチェーを食べるのが好きだ。

　đây がものだけではなく，位置のこそあどであることがわかります。この文を同じ「こ」担当の này を使って，Hoa thích ăn chè ở chỗ này. ということもできます。chỗ は「場所」の意味です。ở đây に比べて ở chỗ này の方が具体的で，狭い範囲です。したがって，ある店の特定のコーナーや決まった席で食べるのが好きなら ở chỗ này がぴったり決まるし，表通りを歩いていて「ここで食べるのが好き」と言うなら ở đây です。

　đây は，よく見れば con này や cái này のような「このもの」と chỗ này のように「この場所」の意味で，「もの」とか「ところ」まで含まれていることが明らかになりました。

　「このもの」が「これ」，「この場所」が「ここ」なのです。

Đấy là con tắc kè.　それはヤモリだ。

　đấy は話し手からは遠く，聞き手には近いものを指します。「それ・そこ」ですね。なお，đấy は「これ・ここ」の đây と同じつづり字，a の上の「帽子」の記号も同じで，声調記号の差だけです。つづりを覚えるとき，そして発音するときは注意しましょう。

Con đó là con tắc kè.　それはヤモリだ。

　今度は con đó というかたまりが見えます。「その生きもの」の意味ですから，

やはり đó も「そ」担当です。次も見てください。

Đó là con tắc kè. それはヤモリだ。

đó だけでも đấy と同じ役割が果たせますね。đó は「そ」担当であり、同時に「そのもの」でもあるのです。

Hoa thích ăn phở ở đấy. ホアはそこでフォーを食べるのが好きだ。

この文の最後を ở đó や ở chỗ đó にしてもいいです。ở chỗ đó なら、より狭い範囲を表わすことができます。

Ăn hủ tiếu ở đó ngon lắm. そこで食べるフーティエウはとってもおいしいです。

hủ tiếu は南部の麺料理、ở đó は南部で好まれる表現なのです。
「こ」「そ」の次は「あ」ですね。

Con kia là con đà điểu. Kia là con đà điểu. あれはダチョウだ。

「あ」担当の kia です。kia は đấy や đó と同様に、「あ」だけでなく、「あのもの（＝あれ）」の役割もあります。ただし、「あそこ」を言うときには chỗ kia、phía kia や đằng kia（ともに「あちら側」「向こう」）のかたちになります。đà điểu は「ダチョウ」、食用に盛んに飼育されています。

Long ở chỗ kia. ロンはあそこにいる。
Đằng kia có tiệm hủ tiếu. 向こうにフーティエウ屋がある。

tiệm は「店」です。飲食店の quán を使って、quán hủ tiếu も可能です。いろいろな場面で出てくるので覚えておきましょう。
次に「ときの『こそあど』」を考えます。
ベトナム語では、今日、今月など、時を表わす表現にも指示詞が出てきます。

Hôm nay Long ra Hà Nội. 今日、ロンはハノイに行く。 **DL59**
Năm nay Kim đi học ở Nhật Bản. 今年、キムは日本に勉強に行く。

hôm nay は「今日」、năm nay は「今年」の意味です。そもそも hôm は「日」で、năm が「年」ですから、nay という指示詞の働きが効いているのですね。

Tuần này Hoa nghỉ. 今週、ホアは休む。

tuần は「週」で tuần này は「今週」の意味です。こう見ると、「今」に相当

する指示詞には2種類あることがわかります。hôm や năm には nay，tuần には này がついています。時間を表わす名詞によって，どちらをとるか変わります。

　hôm nay「今日」，sáng nay「今朝」，trưa nay「今日の昼」，chiều nay「今日の午後」，tối nay「今晩」，đêm nay「今夜」。また，「最近」の bữa nay，「今年」の năm nay が nay を含む語句の例です。

ポイント!　　nay を使うのは「今日」と一日の細かい時間など

次の例文では指示詞の kia がふたつ見えますね。

Hôm kia Long đi Nhật. Ngày kia Long sẽ về.
一昨日，ロンは日本に行った。明後日，帰ってくる。

　hôm kia は「一昨日」，ngày kia は「明後日」を意味します。về は動詞で「帰る」です。また，sẽ は動詞の前について，この動作がまだ始まっていないことを表わしますね。

　ここまで「もの・ところ・とき」の「こそあ」を見たので，「ど」を確認して終わりましょう。

Hoa mua gì?　ホアは何を買いますか。

　gì が「何」を意味します。gì には「何もの」の「もの」まで含まれているので，ほかに名詞，類別詞がなくても使えます。

Hoa mua cái nào?　ホアはどれを買いますか。

　話し手と聞き手が互いに了解している範囲で「どれ・どの」を尋ねるときには nào を使います。gì とは違い「もの」は含まれないので，cái や con などの類別詞を一緒に使って「どのもの」にします。

Long đi nhà hàng nào?　ロンはどのレストランに行きましたか。

　ロンがレストランに行ったのはわかる。でも「どの」レストランなのかがわからなければ，この表現です。次の文は，ロンがどこに行ったのかがまったくわからないときのものです。

Long đi đâu?　ロンはどこに行きましたか。

　đâu がベトナム語の「どこ」です。đâu は「ところ」まで含むので，ほかの

名詞や類別詞がなくても大丈夫です。

Khi nào Long đi?　ロンはいつ行きますか。
Long đi khi nào?　ロンはいつ行きましたか。

　時を尋ねる khi nào は文中での場所に注意です。これからのことを「いつ？」と尋ねるなら khi nào を文頭に，過去の出来事を「いつだった？」と尋ねるなら文末に置きます。

ときの「こそあど」

　ときの「こそあど」を表でまとめてみました。

	ふたつ前	ひとつ前	いま	ひとつ先	ふたつ先
日	一昨日 hôm kia	昨日 hôm qua	今日 hôm nay	明日 ngày mai	明後日 ngày kia / ngày mốt
週	先々週 2 tuần trước	先週 tuần trước	今週 tuần này	来週 tuần sau	再来週 2 tuần sau
月	先々月 2 tháng trước	先月 tháng trước	今月 tháng này	来月 tháng sau	再来月 2 tháng sau
年	一昨年 2 năm trước	昨年 năm ngoái	今年 năm nay	来年 năm sau / sang năm	再来年 2 năm sau

　trước は「前の」，sau は「後ろの」を意味します。
　ngày mốt は南部で好まれます。話しことばでは，Mốt Long đi.「明後日，ロンは行く」のように，mốt だけで使うことも多くあります。
　また，tuần sau を tuần tới，tháng sau を tháng tới，năm sau を năm tới と表わすこともあります。tới は「今あるものに続けてすぐにやってくる」の意味なので，たとえば再来年を *2 năm tới のようには言えません。

コラム　「**すべて**」と覚えるだけではスベってしまう

　つづりがよく似ていて，だいたいの意味もよく似ていて，しかし「取扱注意」なのが mọi と mỗi です。

Ở đây mọi người đều biết tiếng Việt.
ここでは，みんなベトナム語を話せる。
Ở đây mỗi người phải trả 5000 đồng.
ここでは，みんな5千ドン払わなくてはならない。

　日本語訳を見れば両方とも「みんな」「全員」または「すべて」なのですが，微妙な違いがあります。mọi の方は「まるごと全部，例外なく」です。上の文は，「（誰ひとりの例外なく）みんな」の意味です。mỗi は「それぞれ個別に，すべて」を意味するので，下の文は「それぞれ5千ドンずつ，全員」ということです。もう1例見ておきましょう。

Mọi ngày tôi uống 1 chai bia.　　毎日，わたしはビール1本飲む。
Mỗi ngày tôi đều uống 1 chai bia.　毎日，わたしはビール1本ずつ飲む。

　上の文を使って，たとえば「毎日1本飲むけれど今日は飲まない」Mọi ngày tôi uống 1 chai bia, nhưng hôm nay tôi không uống. と言えます。下の方は「1日1本ずつ」，つまり日を単位として「日ごとに1本」と言っています。
　「全員と話をしたい」と言うとき，次の2文では話のスタイルが全く異なることがわかれば大丈夫です。

Tôi muốn nói chuyện với mọi người.　「全員と」（集団で，ですね）
Tôi muốn nói chuyện với mỗi người.　「ひとりひとり，全員と」（個別に，ですね）

　最後に「決まった言い回し」を学んでおきましょう。

Mỗi người một cái.　ひとりひとつ　　**Mỗi tháng một lần.**　毎月1回

　「全部」という訳を覚えるだけが「すべて」ではない，mọi と mỗi のお話でした。

122

複数にするときは「どこまでか」を定めよう

　名詞は単数や複数でかたちが変わりません。その代わりに，複数を表わす語を用います。人称の代詞で見てきた các がその一例です。

Chào các bạn!　みなさん，こんにちは。

　テレビ番組などで司会者の第一声はこの文ですね。bạn は「友達」ですが，2 人称の代詞「あなた」でもあります。そこに các がつけば複数で「あなたがた」とか「みなさん」の意味になります。

Các món ăn đều là món ăn Huế.　料理はすべてフエ料理です。

　đều は「いろいろなものが等しく同じ性質，状態，特性である」ことを意味する語で，「すべて」「全部」と訳せます。các món ăn は「並んでいる料理」が 5 品ならその 5 品，8 種あれば 8 種全部を例外なく含む「複数」のかたちです。

Những món ăn này là món ăn Huế.　この料理はフエ料理です。

　いろいろある料理の一部を指して，「これらはフエ料理」と言うなら những を使います。những は「不定」の複数です。指示詞や性詞などで，どの範囲の複数なのかを限定・特定しなければなりません。上の例文では này が範囲を限定する働きをします。

*Những người là học sinh cấp 3.

　これではどの範囲のひとが học sinh〈学生〉なのかわかりません。học sinh cấp 3 は日本でいえば「高校生」に当たります。

Những người mặc áo dài trắng là học sinh cấp 3.
白いアオザイを着ているひとは高校生です。

　mặc は「着る」ですから，「白いアオザイを着ている」が những người を限定・特定しています。những で複数を表わすときは限定・特定の部品を忘れないようにしましょう。

第**3**章

「かざり」を広げる 〜性詞を使った表現を広げる

（1）形容詞と副詞は「性詞」

ここからは文のかざりを考えていきます。そもそも「かざり」とは何でしょうか。

Long mua xe máy mới. ロンは新しいバイクを買う。 **DL 60**

この文では mới「新しい」が xe máy「バイク」を修飾しています。次の例も見てください。

Long chạy nhanh. ロンは速く走る。

今度は chạy「走る」と nhanh「速く」に注目です。動詞 chạy の様子を nhanh が修飾しています。日本語では，「バイク」のような名詞を修飾する語を形容詞，「走る」などの動詞を修飾する語を副詞といいます。

ベトナム語では，名詞の修飾も，動詞の修飾も，「かざり」の部品はまとめて tính từ〈性詞〉と呼びます。tính は「性質や状態，性格」の「性」を意味する語です。

Long luôn luôn nói tiếng Việt rất nhanh.
ロンはいつもいつもベトナム語をとても早く話す。

上の文で，波線が引いてある語は，日本語の副詞ですね。しかし，動作や動きのありさまを表わす語がベトナム語の tính từ です。ベトナム語文では性詞は nhanh だけです。日本語の副詞すべてが性詞ではないことに気をつけてください。

さて，性詞は「かざり」になるだけでなく，文の述語になることができます。

Hoa khỏe. ホアは元気だ。

ホアが khỏe「元気である」という状態を述べている文ですね。性詞はそのまま述語になります。これが大変に重要です。ちょっと確認してみましょう。「ロンは元気です」をベトナム語に訳してみてください。*Long là khỏe. にしていませんか。日本語の「です」につられて，là を入れてしまうミスがとても多いのです。Long khỏe. できちんとした文です。

まず，性詞の使いかたを順番に見ていきましょう。

Long học giỏi.　ロンはよく勉強ができる。

giỏi は「巧みだ，上手だ，優秀だ」を意味する性詞です。学校の通信簿に giỏi とあれば，「優」です。

Long học tiếng Nhật giỏi.　ロンは日本語の勉強がよくできる。

この文では học の補語として tiếng Nhật があります。このように，主語＋動詞＋補語の後に動詞の「かざり」として性詞を置くのが一般的です。

Long giỏi tiếng Nhật.　ロンは日本語がよくできる。

上の例では，giỏi が文の述語になっていますね。「勉強がよくできる」ではなく，日本語の理解力が高いとか優れた運用能力を持っていることを言いたいときは，この文の方がベトナム語として自然です。

また，性詞は文法的に見ると動詞のような「ふるまい」をすることが多くあります。

Hoa chưa giỏi tiếng Nhật.　ホアは日本語がまだうまくない。
3 năm sau Hoa sẽ giỏi tiếng Nhật.

3年後にはホアは日本語がうまくなっているだろう。

chưa や sẽ は動詞の説明で見てきましたが，性詞にも使えますね。ちょっとオクテなひとにこんなメッセージを伝えることもできます。

Anh hãy tích cực hơn.　あなたはもっと積極的にならなければ！ **DL 61**

tích cực〈積極〉は「積極的な，積極的である」の性詞です。命令や促しの hãy によって，「積極的になりなさい」という意味の文になっています。tích cực の後ろにある hơn は性詞にくっついて「より…である」「いっそう…である」を表わす部品です。

ひとくちに性詞といっても，いろいろな種類があります。いくつか例を見ながら，種類を考えてみましょう。

Hôm nay trời tốt.　今日は天気がよい。

tốt は「よい」でしたね。xấu「とても悪い」，đẹp「美しい」，khỏe など，いままで出てきた多くの性詞は「事物の性質」を述べています。なお，trời は「空，天気」です。

Anh ấy nói nhiều.　彼はたくさんしゃべる。

Mỹ Linh tóc ngắn.　ミー・リンは髪が短い。

nhiều「多い」や ít「少ない」，ngắn「短い」や dài などは事物の性質，とりわけ度量衡に関係する性詞です。tóc は「髪」を意味します。

Long đi thẳng đi!　ロン，まっすぐに行きなさい！

Hoa mua một chiếc bàn tròn.　ホアは丸いテーブルを1台買った。

thẳng は「まっすぐに」，tròn は「丸い」の意味です。どちらも形状，かたちを述べる語です。một chiếc bàn は【数詞＋類別詞＋名詞】のかたちですね。bàn は「机」です。また，上の文の最後にある đi は命令や促しを表わす đi です。

Tôi học tiếng Việt tròn 1 năm.　わたしはベトナム語を丸1年勉強した。

色，色彩を述べるのも性詞の重要な仕事です。次の例を見てください。

Hoa mặc áo dài màu trắng.　ホアは白いアオザイを着る。

màu は「色」を意味する名詞。ふつうは色を表わす性詞をこの後につけて，色彩を表現します。trắng は「白い」です。mặc は「着る」の意味でしたね。ちなみに白いアオザイは女子高校生の制服です。白くてもアオザイです，念のため…。

Cà phê Buôn Ma Thuột ngon.　バンメトート産のコーヒーはおいしい。

ngon は「おいしい」ですね。chua「酸っぱい」，ngọt「甘い」など性詞には味覚に関する語も多くあります。

なお，tốt や nhiều などには「後ろから修飾」のルールとは違った，「決まった言い回し」があるので親しんでおきたいものです。

Long tốt bụng.　ロンは性格がいい。　**DL 62**

bụng は「おなか」ですが，tốt bụng は丈夫なおなかとか健康な胃腸の意味ではなく，「はらわたがよい」「正直で誠実」という意味です。xấu bụng は「腹黒い」です。

Kim có nhiều tiền.　キムはたくさんお金を持っている。

nhiều や反意語の ít「少ない」など，量の多寡を表わす性詞は名詞の前に来ることが多いです。tiền は「お金」を意味します。大切な語ですね。ベトナムは多

126

民族国家ですが，ベトナム語を母語とするキン族以外の民族を dân tộc ít người や dân tộc thiểu số（どちらも「少数民族」）と総称します。ít người の語順に注目ですね。người は「ひと」の意味です。

Tôi học tiếng Việt nhiều năm.　わたしは多くの歳月，ベトナム語を勉強した。

何年と具体的にではなくても，「長い歳月をかけて」と言いたいときには nhiều năm を使いましょう。やはり nhiều が năm「年」の前にあるところに気を付けます。

また，食べものの味については，次の表現にも慣れておきましょう。

Người miền Trung thích ăn cay.　中部のひとは辛いものが好きだ。

cay は「辛い」の意味をもつ性詞ですが，ăn cay で「辛い味付けのものを食べる」になります。古都フエなど miền Trung「中部」のひとは実に辛いもの好きで，見ているこちらまで舌が痛くなってきます。

焼きそばを食べる

phở や hú tiếu などの「汁そば」に隠れがちですが，mì xào「焼きそば」もおいしいのです。xào は「炒める」です。せっかくですから性詞を使って焼きそばを楽しみましょう。

Tôi thích ăn mì xào mềm.　わたしは柔らかい焼きそばが好きだ。

mềm は「柔らかい」を意味します。パリパリの揚げ麺にあんかけがかかっているのがお好みなら mì xào giòn を頼みます。giòn は「クリスピーな」がぴったり当たる，歯ごたえを表わす語で，ベトナム人が大切にする食感のひとつです。ぜひお試しください。

（2）性詞の構造を見てみよう

　今まで取り上げた性詞はほとんどが 1 音節でした。しかし，よく見ると，ngon「おいしい」，nhiều「多い」のような 1 音節のものがあり，tích cực「積極的な」のような 2 音節のものもあります。ここでは，性詞の構造に迫ります。さっそく複数の音節で成り立っているものを見てみましょう。

Hoa lịch sự.　ホアは礼儀正しい。　　　　　　　　　　　　　　　DL 63

　lịch sự は「礼儀正しい」の意味です。2 音節で 1 語です。これは漢越語の〈歴事〉ですが，この漢字を見ても日本人には意味がさっぱりわかりませんね。

Vấn đề này quan trọng.　この問題は重要だ。

　quan trọng は「重要だ，重要な」です。漢越語の〈関重〉ですが，わたしたちには理解できません。vấn đề〈問題〉も漢越語，意味は「問題」です。これはわかりますね。

　どだい，語彙の約 6 割が漢越語なのですが，こうしてみると 2 音節の語には漢越語が多い感じがしてきます。もう少し見てみましょう。

Long mặc áo lót sạch.　ロンは清潔な下着を着る。

　sạch は「清潔だ，清潔な」を意味します。lót は下着のこと。áo はアオザイの áo「上半身につける衣服」ですから áo lót はシャツです。ちなみに quần lót ならパンツです。

Long thích ăn mặc sạch sẽ.　ロンは清潔な着こなしが好きだ。

　ăn mặc と sạch sẽ が気になりますね。mặc のみでも「着る」ですが，ăn mặc は「衣服を着る」という全般的な意味（[nói khái quát] ですね）の動詞で，*ăn mặc áo dài と具体的な名詞と一緒にはなりません。sạch sẽ の方も全般的な意味の性詞で，したがって全般的な動詞や全般的な名詞と相性がいいのです。個別に，シャツが清潔，ズボンが清潔ということではなく，衣服全般が清潔な感じがする，と表現しています。このように，性詞にも全般的な意味を担当するものがあり，それは 2 音節であることをおさえておきましょう。

ポイント！　　性詞にもざっくりと全般的な意味を表わすかたちがある

Kim viết bằng mực tím. キムは紫のインクで書く。

mực には「イカ」と「インク」のふたつ意味があります。ここでは viết「書く」があるのでインクですね。インクの色が tím「紫」だと言っています。bằng は手段や道具の「〜で」を表わします。

Kim mua hoa mười giờ tim tím. キムは紫がかったマツバボタンを買った。

tim tím を見てください。「紫」の tím が重なっていますね。ベトナム語では性詞を重ねて，「より程度が弱い」性詞を作り出します。紫色の度合いは tím > tim tím です。hoa mười giờ は「マツバボタン」です。mười giờ は「10 時」，毎朝 10 時くらいに咲くからこの名前だそうです。

> **ポイント！**　性詞を重ねて，意味が弱い別の性詞を作る

さて，日本語の「あつい」には，「暑い」「熱い」「猛暑」「灼熱」などの語がありますね。ベトナム語も同様に，「どのように暑いのか」を表現できます。

Hôm nay trời nóng. 　今日は暑い。　　　　　　**DL64**
Hôm nay trời nong nóng. 　今日はやや暑い。
Hôm nay trời nóng bức. 　今日は暑苦しい。

ベトナム語の nóng は「暑い」と「熱い」の両方を指します。まずは「重ねて弱める」パターンです。nóng bức は天候専用の語で，意味は「暑苦しい」です。

Cháo nóng hổi. 　お粥は熱々です。

nóng hổi は「熱々」の意味です。たいていは cơm「ごはん」, canh「スープ」, そしてフォーなどの食べものが熱々の様子を表わしますが，tin nóng hổi「ホットニュース」, vấn đề nóng hổi「焦眉の問題」のような言い回しもあります。

Anh ấy nóng tính. 　彼は短気だ。

この文は人間の性質についてですね。tính は性詞の〈性〉で，性格や性質を意味します。nóng tính は「すぐにカッとなる性格」を表わします。
「暑い」の次は「寒い」も見ておきましょう。

Hôm nay lạnh. 　今日は寒い。

「天気が寒い」と言うときにはこの文や，または trời「空，天気」を使って
Hôm nay trời lạnh. と言います。

Sáng nay lạnh buốt.　今朝は骨身に沁みる寒さだ。

lạnh buốt はただ「寒い」のではなく，骨身に沁みるような寒さを表わす語です。南国ベトナムのイメージからは意外ですが，北部の冬には寒い日もあります。

Kim có thái độ lạnh lùng với Long.　キムはロンに対して冷たい態度をとる。

キムとロンはけんかしたのでしょうか。キムの thái độ〈態度〉「態度」が
lạnh lùng「冷たい，冷やかだ」と言っています。lạnh lùng は天候や態度，気候が「冷たい」の意味です。また，với は「～と一緒に」や「～に対して」のように，付帯や対象を表わす語です。

Hoa bị lạnh bụng.　ホアはおなかの調子が悪い。

よくない目にあったことを表わす bị が出てきましたね。bụng は「おなか」の意味です。lạnh bụng は「冷えて，腹の調子が悪い」「おなかを壊す」です。
何かよくないものを食べたのでしょうか…。
さて，次は細かなニュアンスについて考えましょう。

Thầy Huệ mặc áo sơ mi màu xanh.　フエ先生はあおい色のシャツを着る。

xanh は「あおい」です。màu は色とか色彩を意味する語で，màu xanh なら「あお色，あお色の」になります。sơ mi はワイシャツ，ブラウスなど，袖と襟がある「シャツ」のことです。

**Hôm qua thầy Huệ mặc áo sơ mi màu xanh da trời, hôm nay mặc áo
màu xanh lá cây.**
フエ先生は，昨日は青い色のシャツを着て，今日は緑色のシャツを着る。

どういう「あお」なのかは xanh の後ろの語でニュアンスを表わします。trời
は「空」ですから màu xanh da trời は「空の青い色」，lá cây は「木の葉」なので màu xanh lá cây なら「緑色」というわけです。

Cà chua chưa chín, còn xanh lè.　トマトはいまだ熟していなくて，まだあおい。

cà chua は「トマト」です。chín は「熟している」を意味し，xanh lè は果物
や野菜などが未熟であおいままであることを表わします。

Mặt Long xanh xao.　ロンの顔色が蒼い。

二日酔いでしょうか。mặt は「顔」です。xanh xao は「顔色が蒼い」を意味する語で，人間にのみ使います。もっと状況が悪ければ Mặt xanh rót.「顔面蒼白だ」と表現します。

Long có ngựa ô, mèo mun và chó mực.

ロンは黒い馬，黒い猫と黒い犬を飼っている。

今度は「専用の黒」の話です。「黒い」は，ふつう đen を使います。しかし，この例文のアミカケの語はすべて「黒い」の意味なのです。ngựa ô で「黒馬」です。*ngựa đen とは言いません。mèo「猫」の場合は，「黒檀」を意味する mun を使います。mèo đen と言うこともでき，"mèo đen may mắn"「幸運の黒い猫」なんていうタバコもありますが，やはり「黒猫」とズバリ言うなら mèo mun です。chó「犬」なら mực で「黒い」を表わします。mực は「イカ」とか「インク」の意味でしたね。

最後に 4 音節の性詞も見ておきましょう。

Anh ấy nói tùm lum tà la.　彼の話は支離滅裂だ。

tùm lum tà la は「秩序がなく，ゴチャゴチャしたさま」を表わす性詞です。整理整頓ができていない部屋，みんなが好き勝手に話している会話など，いろいろな「ゴチャゴチャ」に使える便利な語です。

(3) とてもおいしい，とってもおいしい

ここでは ngon「おいしい」を使って，どのくらいおいしいのか，程度を考えてみることにしましょう。 **DL 65**

Cà phê Buôn Ma Thuột rất ngon. バンメトート産のコーヒーはとてもおいしい。

ngon の前に rất がありますね。性詞の前について，性質や状態の程度が著しいことを表わします。

次の文はどうでしょうか。

Cà phê Buôn Ma Thuột ngon lắm. バンメトート産のコーヒーはとってもおいしい。

今度は lắm に注目です。話し手が，ある性質や状態を普通ではない水準だと判断したとき，または高いレベルにあると感じたときに使います。この例文からは，話し手にとってバンメトート産のコーヒーの「おいしさ」がナミではないことがわかります。lắm の位置は性詞の後ろです。

Cà phê Buôn Ma Thuột ngon quá. バンメトート産のコーヒーはとってもおいしい。

性詞の後ろの quá が「とっても」の意味です。lắm と quá は同じ「とっても」ですが，使いかたに差があるので気を付けましょう。

lắm は，感想や感情を述べるとき，また他人に語るとき，この例では「バンメトート産のコーヒーがとってもおいしかった」ことを伝えるときに使います。quá の方は感嘆文に用います。いま，この場にコーヒーがあり，それを飲んでから言うなら ngon quá で，ベトナム旅行中に飲んだコーヒーの味を土産話にするなら ngon lắm です。また，ともに話しことばで用いられます。

ポイント！ 「とても〜だ」は【rất ＋性詞】
【性詞＋ lắm】は「とっても〜だ」
【性詞＋ quá】「とっても〜だ」の感嘆文

「とってもおいしい」でも不足するくらい，尋常ならざるレベルでおいしいときは次のように言います。

Quá ngon. おいしすぎる。

quá が性詞の前に来ています。きわめて口語的ですが，このように【quá＋性詞】で表現することができます。Quá đẹp!「美しすぎる！」なども便利な表現ですが，連発すると真実味が薄くなり嫌がられるでしょう。

Ngon ơi là ngon.　おいしいったらありゃしない。

この言い回しもよく耳にします。同じ語の間に ơi là を入れこみます。ơi は他人に呼びかけたり，自分の強い気持ちを表わすときに使う語ですから，例文は「おいしい」という気持ちがあふれんばかりなのです。

Ngon hết sảy.　サイコーにおいしいっ。

hết sảy や hết ý は性詞の後ろについて，その性質がほかと比べることができないほど極上であることを表わします。口語ではよく使いますが，公式な場面では決して用いません。たとえば，ベトナム政府主催の晩餐会に招かれたあなたがこう言ったら，政府関係者一同が驚愕するでしょう。

さて，コーヒーの味がおいしく感じられない日だってあります。

Hôm nay cà phê không ngon lắm.　今日はコーヒーがあまりおいしくない。

「あまり〜ない」は性詞を打ち消しの語 không と lắm で挟みこみます。便利な言いかたなので，覚えてほしいですね。

では，「まったく〜ない」の言いかたも見ておきましょう。次の2文を見比べてください。

Quyển sách này không hay.　　　この本は面白くない。
Quyển sách này không hay đâu.　この本はまったく面白くない。

không と，強い打ち消しの意味を持つ đâu で性詞を挟みます。これで「まったく〜ない」とか「全然〜ない」を表わします。かなり強い否定ですから，使う相手を間違えないようにしましょう。hay は「面白い」「興味深い」の意味です。

いろいろ出てきて，ちょっと疲れましたね。そんなときには，この例文です。

Tôi hơi mệt.　わたしはちょっと疲れた。

hơi は「少し，ちょっと」の意味で，性詞の前につきます。mệt は「疲れる」ですね。

ひと休みしたら，もう少し掘り下げてみましょうか。

「とっても」

日々の会話の中では「とっても」がとても多く出てきます。ここでは，そうした「とっても」のバラエティを広げておきます。

Ngon cực kỳ. / Cực kỳ ngon. 究極においしい。 DL 66

どちらもよく使う表現です。cực kỳ が「究極に」を表わします。順序を間違えて kỳ cực と言ってしまうと「変わっている，風変わりだ」の意味になるので要注意です。

Hơi bị ngon. ちょっとおいしすぎる。

「いやな目にあう」の bị ですが，こういう使いかたもあるのですね。

Ngon muốn xỉu. ぶっ倒れるほどおいしい。

xỉu は「気を失う，気絶する」の意味なのでかなり激しい表現ですが，ベトナム人はよく使います。外国人が使えば驚くでしょうね。家庭料理の招待を受けたあなたの口からこんなセリフが出たら，ホストが気絶するかもしれません。

Ngon quá trời. 驚くほどおいしい。

quá trời は「驚くべきレベル」であることを表わします。やはり日常の口語表現で頻繁に使われる言いかたです。

Ngon thật. 実においしい。

thật は「実に」とか「まことに」の意味です。上で挙げた例文ほど「くだけた表現」ではないので，安心して使えます。

ここまでさまざまな表現を見てきましたが，まずは何かひとつを覚えるなら，やっぱり rất ＋性詞です。これを基本にして，自分らしいベトナム語を広げていけばよいでしょう。

ベトナム版「よい店の3拍子」

Ngon「おいしい」, Bổ「栄養がある」, Rẻ「安い」。

（4）性詞の前，後ろ

　ここでは性詞の前後に注目して，性詞がどんな語と結びついて，どんなふうに使われるのかを見てみましょう。

Long vẫn khỏe.　ロンは相変わらず元気です。　　　　　　　　　　DL 67
Long còn khỏe.　ロンは今も元気です。

　性詞は khỏe「元気な」ですね。この前についている副詞 vẫn は，性質や状態が変わらずに持続しているさまを表わします。còn の方は性質や状態が続いていて，まだ終わらないさまを表わします。下の文は「本来ならもう元気ではない（年齢，体調，環境など）はずなのに」元気な状態が続いているという意味です。
　これらは前に見た，chưa や sẽ の仲間の語，つまり動詞や性詞について，動作や性質，状態のありさまを示す副詞です。

Hoa hay vắng nhà.　ホアはよく家を留守にする。

　vắng は不在や留守の状態を表わす性詞です。hay「よく」は頻度を表わす副詞ですね。このように，性質・状態が持続しているのか否かを表わす副詞や頻度を表わす副詞は性詞の前につきます。
　今度は性詞の後ろを確認します。飲み過ぎのロンが真っ赤な顔をしています。

Long đỏ rồi.　ロンは赤くなった。

　動詞に rồi がつくと，ある動作や行動が「終わった」ことを表わしますが，性詞に rồi がついている場合は，性質や状態が変化していき，その変化が完結したことを意味します。上の例は，素面のロンが飲み続けるうちに，だんだんと顔が赤みを帯びていき，顔が赤く変わりきったさまを表わしています。

Tôi no rồi.　わたしはもうおなかいっぱいだ。

　すすめ上手なベトナム人につられて，もう満腹というときのセリフです。no は「おなかいっぱい，満腹だ」の意味です。性詞 + rồi ですから，満腹状態が「終わった」ではなく，おなかいっぱいに「なった」ですね。

┌──
ポイント!　　持続・継続の副詞，頻度の副詞は性詞の前に
　　　　　　　　　変化の完結を表わす rồi は性詞の後方に
└──

次に方向動詞を使った変化の言いかたを見ておきましょう。

Dạo này Hoa đẹp ra.　最近，ホアは美しくなった。

đẹp は「美しい」です。後ろには方向動詞の ra が見えますね。これは「狭いところから広いところへの移動」を表わす動詞でした。性詞の後ろにつくと，移動ではなく変化を表わします。性質・状態の増加や発展を表わします。もうひとつの例も見てみましょう。

Long béo ra.　ロンは太った。

béo は「太っている」です。ra はロンが単に「太っている」だけではなく，以前よりも「太った」こと，つまり肥満状態が拡大していることを表わします。ちなみに，ビールで膨れた「ビール腹」はベトナム語でも bụng bia と言います。お互いに気を付けましょう。

Hoa gầy đi.　ホアは痩せた。

gầy は「痩せている」の意味です。後ろの đi を見てください。性詞＋ đi で，縮小・収縮していること，衰える方向への変化を表わします。なお，「痩せている」は南部では ốm と言います。この ốm は北部では「病気になる，病気だ」の意味になるので，要注意です。

衰える方向への変化は次の例文で考えてみます。

Tình hình xấu đi.　状況は悪化した。

tình hình は「状況，事態，様子」を表わす名詞で，ベトナム人の会話によく出てくる語です。xấu「悪い」に đi がついていますね。単に「悪い」だけでなく，どんどん悪くなっていることがわかります。

Anh ấy già đi.　彼は老化した。

già は「年をとっている，高齢の」の意味です。già は，残念ながら「衰える方向」への変化として đi を使います。

Bệnh nặng ra.　病気は悪化した。

bệnh は「病気」の意味です。nặng「重い」は，モノの重さ，事態や状況の重篤さを表わします。病気の悪化は生命の縮小かもしれませんが，病巣の拡大ですから，やはり ra を使って表わします。

気分を変えて，先生の明るい変化を ra で表現しましょう。

Cô giáo trẻ ra.　先生は若くなった。

trẻ「若い」がどんどん広がってくるさまです。こういう文は元気が出ますね。
もちろん，「元気になる」も khỏe ra です。文の主語を見てください。cô giáo は「女性の先生」の意味です。さっそく使ってみましょう。
　こうした性詞＋方向動詞のかたちは性質の変化を表わすもので，先に見た rồi
のような「変化の完結」は意味しません。また，いろいろな例文でわかるように，
ra は「いい方向への変化」，đi は「悪い方向への変化」とは言い切れません。ra
は拡大，đi は縮小，が基本です。

性詞の南北

厳密に使い分けしなくてもかまいませんが，ốm と bệnh については「痩せている」と「病気だ」で勘違いが生じやすく，ベトナム人の「笑い話」にもよく登場する，定番の「方言ネタ」のひとつです。

	北部での意味	南部での意味
béo	太っている，脂っぽい，脂肪分が多い	脂っぽい，脂肪分が多い
mập		太っている
gầy	痩せている	
ốm	病気になる，病気だ	痩せている
bệnh		病気になる，病気だ

性詞 dễ「簡単な」や khó「難しい」は動詞の前について，次の表現を生みます。

Quyển sách này dễ hiểu.　この本はわかりやすい。　　DL 68

hiểu は動詞「理解する」で，dễ hiểu なら「理解しやすい，わかりやすい」，
khó hiểu なら「わかりにくい」の意味です。異国の料理は魅力的であり，しか
し口に合わないこともあります。その場合，khó ăn「食べにくい」と言えばい
いでしょう。「口に合わない」のような意味になります。

最後に性詞が連続する例を見ておきましょう。

Phở ở quán này ngon, bổ, rẻ.　この店のフォーはおいしく，栄養があり，安い。

3つの性詞が見えますか。ngon「おいしい」，bổ「栄養がある」，rẻ「安い」ですね。このように性詞を連続させることができます。性詞の前も後ろも，別の性詞です。なお，この ngon, bổ, rẻ は，日本語の「早い，うまい，安い」のような言い回しで，食堂や宅配弁当の PR に頻繁に現われます。

接続詞の mà を使えば，性詞を使った表現はもっと広がります。

Quyển sách này rẻ mà hay.　　この本は安いのに面白い。
Quyển sách này đắt mà chán.　この本は高いのに退屈だ。

hay は「内容が興味深い」とか，「面白い」の意味で，đắt は「値段が高い」，chán は「飽きる，いやになる，退屈だ」を意味します。最後に「その上，さらに」の nữa をつけて，Quyển sách này đắt mà chán nữa. とすれば，「高いうえに退屈だ」と強調することができます。著者には耳の痛い例文です。

ベトナム語で「つらい」

「不可解な」ことに出くわせば Khó hiểu lắm.「とっても不可解だ！」，不快なときには Khó chịu lắm.「とっても不快だ！」です。chịu は「耐える」なので，「耐えがたい」の意味です。

言いにくいことを聞かれたなら Điều đó khó nói lắm.「それはとても言いづらいですね」で逃げましょう。điều は「事柄」，đó は「『こそあど』のそ」，つまり「それ」でしたね。nói は「話す」ですから，khó nói なら「話しにくい，話しづらい」の意味です。

人生そのものがつらいときには chán を使って，Chán đời lắm!「人生，いやになっちゃった」ですね。chán は「いやになる，飽きる」です。đời は「人生」を意味する語です。ベトナム人が Chịu khó đi!「辛抱しなさい！」と激励してくれるかもしれません。chịu khó は「我慢する，辛抱する」の意味です。文末にある「命令・促しの đi」もきちんと読みとれますね。

(5) よりおいしい，一番おいしい

ベトナムを旅行していると，料理を見る目も味わう舌もだんだんと肥えてきます。

Phở gà ngon.　鶏肉入りフォーはおいしい。　　　　　　　　　　DL 69

なんて喜んでいたのも束の間，「こっちの方がもっとおいしい」とか「あれがいい」とか，誰もが一丁前の「食の評論家」です。

Phở gà ngon hơn phở bò.　鶏肉入りフォーの方が牛肉入りフォーよりおいしい。

まあ，好みの問題ですね。それはさておき，hơn を見てください。hơn は「程度がよりまさっているさま」を表わす性詞です。ほかの性詞とともに，比較表現で用いられます。

フォーのような名詞だけでなく，動詞を使った比較もできます。

Học tiếng Việt vui hơn học tiếng Anh.

ベトナム語を勉強するのは英語を勉強するより楽しい。

上のポイントにあてはめてみると，Aの部分には học tiếng Việt という動詞句が，Bにはやはり動詞句の học tiếng Anh がありますね。vui は「楽しい，うれしい」です。

今度は別の例を見てみましょう。

Người miền Trung thích ăn cay hơn người miền Bắc.

中部のひとは北部のひとよりも辛いものが好きだ。

ここで比較されているのは，中部のひとと北部のひとです。辛いものと北部のひとを比べているわけではない（！）ので注意してください。下の文を見ると「より」わかります。

Anh đi nhiều hơn người Việt Nam.

あなたはベトナム人よりもあちこち行っている。

この文はベトナム国内あちこちに出かけるわたしに向けられたことばです。người Việt Nam の後ろに đi が隠れていると考えられますね。このように，ぱっと見ただけではしくみがよく見えない比較もあり，しかも極めて自然な口語表現

としてベトナム人との会話に出てくるので，慣れておきたいですね。ベトナムについてあれこれ話しているときに，ベトナム人に，

Chị biết nhiều hơn tôi.　あなたはわたしよりも知っている。

と言われると，お世辞とわかっていてもうれしいもので，もっと勉強しようと思いますね。biết は「知る，わかる，理解する」の意味です。
　つづいて「一番」の言いかたも見ておきましょう。

Món ăn Việt Nam ngon nhất.　ベトナム料理は一番おいしい。

　ベトナム人は自分たちの食文化に大きな誇りを抱いていて，こういう文をしばしば使います。nhất は最上，一番を意味する語です。
　なお, món ăn は「食べもの」全般を指す語です。món だけなら「料理したもの」。街でよく見かける看板 bò 7 món は「牛肉料理7品」の意味です。なぜか旅行ガイドブックなどでは「牛の七変化」という日本語が定着していますが。ほかにも món xào「炒めもの」, món chiên「揚げもの」など, món はおいしく豊かな「ベトナム語生活」には不可欠な語です。
　次は「同じくらい」の言いかたを見てみます。

Long cao bằng tôi.　ロンは，わたしと同じくらいの背丈だ。

　cao は「高い」です。次の bằng が「等しい」とか「同じくらい」を意味する語です。同レベル，同等を言うときには bằng を使います。

> **ポイント!**　【A +性詞+ hơn + B】は比較表現「AはBより〜だ」
> 　　　　　　【性詞+ nhất】は最上「一番〜だ」
> 　　　　　　【A +性詞+ bằng B】は同等　「AはBと同じくらい〜だ」

否定も見ておきましょう。

Tôi không cao bằng Long.　わたしはロンほど背が高くない。　🔲**DL70**

性詞の前に không をつければいいのです。
基本のかたちはここまでで，さらに表現のバラエティを増やしてみましょう。

Long giỏi nhất trong lớp.　ロンはクラスで勉強が一番よくできる。

giỏi は「上手だ」とか「勉強がよくできる」を意味する語ですね。trong は

「〜のなかで」，そして lớp は「クラス」を表わします。さて，これをもとに，nhất を使わないで「一番」を言う文の例をいくつか挙げます。

Trong lớp không ai giỏi bằng Long.

クラスではロンと同じくらい勉強ができるひとはいない。

まずはこの例。【không ai ＋性詞 bằng】は決まった言い回しで，「より〜なひとは誰もいない」の意味です。bằng の代わりに hơn でも同じで，ともにベトナム語会話でもよく出てきます。

たとえば，ロンの真面目さを述べるなら，

Không ai học nhiều hơn Long. ロンより多く勉強するひとはいない。

がいいですね。

さらに "Không ai bằng." という言いかたにも親しんでおきましょう。「誰も敵わない」とか，「一番」の意味で用います。"Số 1" は文字通り「ナンバーワン」を意味します。

また，下の例では文末の hơn cả に注目しましょう。

Trong lớp Long giỏi hơn cả. クラスではロンは誰よりも勉強がよくできる。

cả は「全部，まるごと」で，hơn cả では「何よりも」の意味になります。

ちょっと変わった最上表現をもう少し見ておきましょう。

Việt Nam vô địch! ベトナム無敵！

vô địch は「無敵」ですから，これも「ナンバーワン」の意味になります。ちなみに，giải vô địch bóng đá「サッカーワールドカップ」のような表現もあり，面白いですね。

hàng đầu thế giới 世界一

さまざまな広告で出てくるこの表現。例えば，Ẩm thực Việt Nam ngon hàng đầu「ベトナムの飲食物は世界一のおいしさ」なんて，見ているだけでお腹が減ってきます。

そうそう，ジョークが好きなベトナム人は hàng đầu「トップ」「トップクラス」の2音節を入れ替えて，đầu hàng「降参する」と言って笑うときもあります。トップに降参する，何ともよくできた言い回しですね。ベトナム人のユーモアセンスに，わたしたちも降参です。

さて，hơn や nhất は性詞以外にも，好き嫌いを表わす動詞とともに使えます。例を見ておきます。

Tôi thích mì xào mềm hơn mì xào giòn.

わたしはかた焼きそばよりも柔らかい焼きそばの方が好きだ。

Trong món ăn Việt Nam, tôi thích gỏi cuốn nhất.

ベトナム料理の中で，わたしは生春巻きが一番好きだ。

hơn はそれ自身が「よりよい」という意味を持った性詞です。ほかの性詞なしでも使うことができます。食べものの名前は大丈夫ですか。gỏi cuốn は「生春巻き」です。

Tôi thích cà phê đá hơn. わたしはアイスコーヒーの方がより好きだ。

この文だけではわかりませんが，話し手と聞き手の間では「何と比べて」アイスコーヒーの方が好きなのかははっきりしていて，だからこそ比較の表現を使うのです。

また，他者との比較ではなく，自分自身について，こんなふうに表現することもできます。

Tôi khỏe hơn. わたしはより元気だ。

以前の自分と比べて，今の方が元気なのです。次は，久しぶりに会った女性の先生に trẻ「若い」を使って，こんなことも言ってみましょう。

Cô trông trẻ hơn hồi xưa. 先生，以前より若く見えますね。

hồi xưa が「かつて，以前」ですから，この文では比較の対象がより明確です。trông は「～のように見える」，覚えておきましょう。実に実用的な文法練習ですね。

最後にもう一文，実用的なのを。

Bây giờ tôi hiểu tiếng Việt sâu hơn. 今，わたしはベトナム語がより深くわかる。

sâu は「深い，深く」を意味します。水深などの「深さ」にも，理解度などの「深さ」にも使えます。この文は，以前の自分自身に比べて，bây giờ「今，現在」の方がベトナム語をより深く理解しているということです。

コラム　重ねるときはお忘れなく

　マツバボタンの花を見て，きれいな紫色や薄紫色に感動したのものの，tím「紫色」と tim tím「紫がかった色」の違いが気になったままでしたね。ここでは，音節を重ねて別の語をつくるしくみを見ておきましょう。

Anh ấy đi xa xa.　　　　　彼は少し遠くに行った。
Cho nhiều nhiều nghen!　　ちょっと多めにくださいね。

　この 2 文を見ると，それぞれ xa「遠い」や nhiều「多い」が同じかたちで繰り返されています。後ろにあるのが元の音節で，繰り返したものは前に重ねます。tím では元が「鋭い声調」で，前には「平らな声調」にしたものを重ねました。なぜ違うのでしょうか。

　それは，元の音節の声調によって，前に重ねる音節の声調が決まるからです。xa や nhiều のように「平らな声調」と「下がる声調」なら，同じ声調で繰り返します。「鋭い声調」と「尋ねる声調」なら，「平らな声調」に変えたものを前に重ねます。

Hoa huệ có mùi thơm dìu dịu.　　ユリの花はほのかにいい香りがする。

　dịu はやさしく心地よい感じがする様子を表わしますが，dìu dịu で意味が弱まります。「重い声調」や「倒れる声調」は「下がる声調」に変えたものを前に置きます。

Tôi ăn bún bò Huế, ran rát lưỡi.　ブンボーフエを食べて，舌が少しヒリヒリする。

　ブンボーフエは辛味の中にうまさがありますが，舌がヒリヒリすることもあります。rát は「やけどしたようにヒリヒリ痛む」で，ran rát では意味が弱まります。「上がる声調」なら「平らな声調」に変えますが，-t で終わる音節は「上がる声調」か「重い声調」の 2 種だけです。そこで，語末の子音を -t に近い音の -n に置き換えて ran を作ります。同様に -p は -m に，-c は -ng に，-ch は -nh に変えます。こうすれば「下がる声調」で言うことができるようになります。

　面白いルールが見えてきましたね。

ベトナム語の香り

ベトナム語の気持ち

（1）わたしとあなた

　第2部まではベトナム語の枠組みを考えてきました。建物でいえば構造を見てきたようなもので，これからはそこに暮らすひとびとがどんな暮らしをしているのか，ことばを切り口にして見ていきます。早速，ベトナム人の家庭生活をのぞいてみましょう。

Mẹ thương con lắm.　わたしはあなたがとってもかわいい。　**DL71**

　母親が子供に対して語っています。子供も同じように言います。

Con cũng thương mẹ lắm.　わたしもお母さんが大好き。

　thương はベトナム人がよく使う語で，「かわいいと思う，愛おしい」の意味です。ぜひ覚えて，使えるようにしましょう。文末の lắm は「とても」を意味します。cũng は「…も」でしたね。さて，とても微笑ましい場面ですが，この会話で「わたし」や「あなた」に相当するベトナム語は何かと考えると，これは悩ましい問題です。

　ベトナム語の語順は【主語＋動詞＋補語】ですから，それぞれ最初の語が主語，つまりこの会話の「わたし」を表わしていると見当がつきます。しかし，母の発言では mẹ が「わたし」で，子供の発言では con が「わたし」ですね。同様に，「あなた」の方を見ると，母の発言では con で，子供の発言では mẹ があります。

　mẹ は「母，お母さん」，con は「子，子供」の意味です。母親は「わたし」に mẹ，子供を指して「あなた」と言うときには con を使っています。逆に，子供は自分を指して「わたし」と言うときには con を，母親に対して「あなた」と言うときには mẹ を使っています。

　ベトナム人同士の会話では，mẹ や con のように親族名を表わす代詞で「わたし」や「あなた」を表わします。相手が「あなた」として使った代詞を，今度は自分が「わたし」で使います。同じ語が，話者によって「わたし」になったり，「あなた」になったりします。

　日本語の会話でも，母親が子供に向かって「お母さんはあなたが大好き」と，「わたし」＝「お母さん」のような言いかたをします。しかし，この場合に「子供が

大好き」と言えば，それは「その子」が好きなのではなく，子供全般が好きだという意味です。他方，子供が自分のことを「子供はお母さんが大好き」と言うこともありません。この文は，やはり子供は「一般的に」母親が好きなものだという文です。

次は夫婦の会話です。

Anh yêu em. 君を愛している。
Em yêu anh. あなたが好き。

少し訳し分けてみましたが，意味は同じです。上は夫が妻に，下は妻が夫に言っています。夫婦，そして夫婦でなくても愛し合う男女（！）の間では，男性は「わたし」に anh，「あなた」に em を使い，女性は「わたし」に em を，「あなた」に anh を使います。

もともと anh は「兄，お兄さん」，em は「弟，妹」を意味する代詞です。したがって，兄弟間の会話では「わたし」と「あなた」に，anh や chị「姉，お姉さん」，em を使います。

次は，実際には兄弟ではないけれど，とても親しげで，楽しそうな会話です。

Anh mời em. どうぞ。

レストランでロンが後輩に料理を勧めています。この文の em の後には ăn「食べる」が省略されています。

Anh mời em ăn. 僕は君に食事を勧めます。

と動詞が入るとやや硬い感じがするので，【わたし + mời + あなた】または【mời + あなた】のかたちを使います。"Xin mời." も「どうぞ」の定番です。mời は「招く，誘う，ごちそうする」，いい語ですね。

今度は後輩がロンに勧めています。

Em mời anh. どうぞ。

後輩は自分を em と言い，ロンを anh と呼んでいます。愛し合っていなくても，とても親しい間柄では男性は自分を anh，相手を em で呼び，女性は逆に自分を em，相手を anh で呼びますから，代詞だけで間柄を判断するのはちょっと危険かもしれません。

ポイント！ 「わたし」「あなた」は同じ代詞の使いまわし

「わたし」や「あなた」は，相手との関係に応じて使い分けます。慣れるまでは大変。宴会でさまざまなひとと食卓を囲むときなどは，酔う余裕などありません。ロンのお宅でのホームパーティーはどうなるのでしょうか。ロンのお父さんが声をかけていますよ。

Cháu uống đi!　さあ，飲みなさい！

cháu は「甥，姪，子」を意味する語です。ロンの父親から見たら，あなたは子供や甥，姪の世代なのです。ここでは「あなた」，つまり2人称の代詞です。南部では cháu のほかに con も使われます。con はズバリ「子供」の意味でした。"Mời con." というわけですね。あなたはこう返事します。

Cháu mời bác.　おじさん，どうぞ！

bác は伯父，伯母の意味です。友達の両親を呼ぶとき，あるいは自分の両親と同世代のひとを呼ぶときは bác，chú「叔父」，cô「叔母」を使います。
　続いてロンの弟が声をかけて，ビールを注いでくれます。

Em mời anh.　お兄さん，どうぞ。

実際の兄弟ではないけれど，あなたが自分の兄と同世代なので anh と呼び，自分を em と言っています。親しみを感じて，気分がよくなってきますね。せっかくなので，

Anh mời em.　君，どうぞ。

と返杯しておきましょう。またもやロンのお父さんが...。

Bác mời cháu.　君，どうぞ。

さしつさされつ，夜が更けていきます。親子で酒癖が同じですね。ベトナム語では Cha nào con nấy.「この父にしてこの子あり」という「決まり文句」があり，まさにこんなシーンで使います。この【X nào Y nấy.】はXとYにペアとなる名詞を入れて「似た者同士」を表わします。thầy「先生，男の先生」と trò「教え子」を使って "Thầy nào trò nấy." 「この先生にしてこの教え子あり」...，恩師の奥様が，先生とわたしが飲んで冗談を言いあう姿を見ながら，こう言っていました。
　また，人称の代詞は，年齢の上下とは関係なく選択される場合もあります。

Anh có biết tiếng Việt không?　あなたはベトナム語がわかりますか。　**DL72**

たとえば，自分より年上のひとに anh（あなたが女性なら chị）で呼ばれることがあります。相手を丁寧に呼ぶときには，自分より年下でも男性なら anh，女性なら chị を使い，さらに年上で，しかも親しくない相手には ông または bà を使って「あなた」を表わします。

　ベトナムでのビジネスで，あなたより年上のベトナム人スタッフは，年齢にかかわらず anh または chị で呼びかけてくるはずです。あなたが駐在事務所長や工場管理者など，上位のボスなら ông や bà で呼ばれることもあります。これらは，親疎に関係ない，ニュートラルな「あなた」です。これに対する，ニュートラルな「わたし」が tôi です。

　次はシビアな場面を見ておきます。

Tôi không biết ông.　わたしはあなたを知りません。

　相手を ông や bà を使って表わし，わざと「突き放した」，「他人行儀な」会話をすることもできます。親しい間柄の二人が，冷静に喧嘩しているときには，ニュートラルな表現をわざと使います。寒い感じがします。毎晩ビールを飲んで酔って帰るロンに奥さんがこう言います。

Tôi không biết ông là ai.　わたしはあなたが誰だか知りません。

　ご立腹ですね。ai は「誰」の意味です。ông là ai「あなたは誰か」の部分が biết の補語ですね。「わたし」と「あなた」，代詞の選択は複雑ではありますが，ベトナム語の表現の幅を広げるために，ぜひとも親しんでおきたいですね。

　ここまで見ると，ベトナム人同士の会話では tôi「わたし」の出番が少ないことがわかります。他者との関係なしに使える tôi は便利なようですが，現実には他者との関係なしの会話はあまりないのです。したがって，文書や公式な場面で出くわすことは多いものの，日々のベトナム語コミュニケーションでの出現頻度はかなり低めです。

> **ポイント!**　意外と使わない，人間関係「無味無臭」の tôi

　さて，どんな「わたし」を使わなければならないか，悩んでいるうちに会話のタイミングを逃してしまうのはもったいないですね。会話にはその場の流れや前後関係がありますので，ベトナム語を母語としないわたしたちが「わたし」や「あなた」を正しく使い分けられなくても，まるで「通じない」ことはありません。むしろ，会話の場面をたくさん経験しながら，ベトナム語の感覚をつかんでいく方がよいでしょう。

(2) 丁寧な言いかたと親しみを込めた言いかた

　ベトナム語には，初めて会うひとや目上のひととの改まった会話で使う言いか
た，そして親しい間柄の言いかたがあります。日本語の敬語のようなシステムで
はありませんが，場面に応じた表現を選択したいものです。まず，ロンの家族の
様子を見てみましょう。ロンがお父さんに朝のあいさつをしています。

　Chào bố.　お父さん，おはよう。　　　　　　　　　　　　　DL 73

　chào を見てください。chào は便利なあいさつことばで，朝から夜まで使えま
す。意味は「あいさつする」で，動詞です。Chào bố. は「お父さんにあいさつ
します」という文なのです。次の表現と比べてみましょう。

　Con chào bố.　お父さん，おはようございます。

　最初の文には「あいさつする」のが誰なのか，主語が見えません。しかし，こち
らは主語がきちんと出ています。主語は con です。さきに見てきたように，話し
相手が誰なのかで「わたし」や「あなた」を使い分けますから，父親に向かっての「あ
なた」は bố，自分のことは「子供」を意味する con を 1 人称で使っているのです。
　では，主語の有無はあいさつ表現にどんな違いをもたらすのでしょうか。たと
えば，朝，外国人の学生がフエ先生に会うと，

　Chào thầy.　先生，おはよう。

とあいさつしています。しかし，ベトナム人の学生は，

　Em chào thầy.　先生，おはようございます。

と言っています。理由は，あいさつで主語があると礼儀正しい表現になり，主語
を省くと親しい間柄でのあいさつになるからです。主語の em は「弟，妹」の意
味ですが，学生が先生と話すときの「わたし」，先生が学生と話すときには「あなた」
としても使います。

　Em có khỏe không?　君は元気ですか。

とフエ先生に聞かれて，Khỏe.「元気」とだけ答えるのは，ベトナム人にはかな
りぞんざいな印象を与えます。ここでも主語をつけて，Em khỏe.「わたしは元
気です」と答えたいものです。

あいさつに限らず，次のような場面でも主語がある文が好ましいですね。友達のお宅に遊びに行くと，お母さんが声をかけてくれます。

Con thích ăn chả giò không?　あなたは揚げ春巻きが好きですか。

Thích!「好き」とだけ言いたい気持ちを抑えて，きちんと Con thích lắm.「わたしはとっても好きです」と，主語がある文で答えましょう。

> **ポイント!**　自分のあいさつことばには「わたし」をつけて丁寧に

さて，学校ではフエ先生に次々とベトナム人学生が朝のあいさつをしていきます。もう一度よく聞いてみましょう。

Em chào thầy ạ.　先生，おはようございます。

あれ？　文末の ạ が気になりますね。これは，礼儀正しさや敬意を添える部品です。主語があり，そして文末に ạ があると一層丁寧で，礼儀正しい表現になります。いくつかほかの例も見ておきましょう。

Cảm ơn.　ありがとう。

これは「わたし」も「あなた」もない，むき出しの表現です。ベトナム人同士なら，少なくとも目上のひとにはこの表現を使いません。ロンに言うなら Cảm ơn anh.，ロンのお父さんにお礼を言うなら Cháu cảm ơn bác.「おじさん，ありがとうございます」のような表現がいいでしょう。

Cháu cảm ơn bác ạ.　おじさま，ありがとうございます。

こう言えたら，ベトナム語の丁寧表現は免許皆伝です。なお，ベトナム語には，文末の ạ のように気持ちを表わす部品がほかにもたくさんあります。

> **ポイント!**　文末の ạ で丁寧さ，敬意を表わす

特に新しいことを覚えなくても，今までに見てきたことを整理して活用すれば，親しい言いかたも丁寧な表現も自由自在です。

とても親しい友人との飲み会に備えて乾杯の決まり文句も覚えておきます。

Một hai ba, dzô!　乾杯！

この合図でコップをぶつけ合い，ビールを飲み干します。目上の，兄貴分のようなひとには Em mời anh.「兄さん，どうぞ」と，弟や妹のような世代のひとには親しみを込めて Mời em.「どうぞ」と声をかけてみましょう。

　パーティーなどの改まった席での乾杯は Chúc sức khỏe!「健康をお祈りします」です。その場の雰囲気に合った乾杯をしましょう。相手に勧めるときには Mời anh.，相手が女性なら Mời chị. ですね。また，親しくないひととの社交の場面なら Xin mời ông. がいいでしょう。相手が女性のときには Xin mời bà です。

　この xin も，丁寧表現に使う便利な部品です。まずは，いつでも誰にでも使えるあいさつ表現として，

Xin chào.　こんにちは。

があります。ベトナム人同士の会話ではあまり使われませんが，人称の代詞に関係なく使えるので，外国人には便利です。xin は丁寧さを表わします。「ありがとう」の cảm ơn に xin をつけた Xin cảm ơn.「ありがとうございます」は使いやすい表現です。

Xin thầy nói lại.　先生，もう一度言ってください。

xin は礼儀正しく，丁寧な態度で他人に何かを要求したり，お願いするときに使います。nói は「話す」です。lại は「もう一度...する」「再び...する」の意味です。上の場面で，Thầy nói lại. では「先生，もう一度言って」となり，不適切な表現です。やはり xin を使いたいですね。

Xin đừng lo.　心配しないでください。

đừng は禁止でしたね。lo「心配する」を使った，こんな表現も便利です。

> **ポイント!**　文頭の xin をうまく使って，丁寧な言いかたの達人になる

「ホテル内の駐車場は満車です。TAX デパートに駐車してください」のあとに，丁寧なありがとう Xin cảm ơn. がありますね。ちなみに，*hết chổ「満席，場所が余っていない」は，ただしくは hết chỗ とつづります。他人の間違いには敏感なものです…。

(3) ベトナム語の喜怒哀楽

　ベトナム語で喜んだり，楽しんだり，悲しんだり，ときには怒ったり。せっかくベトナム語を勉強するのですから，自分の気持ちを表現できるようになりましょう。

Vui quá!　楽しいな。

DL74

　まずはこんな表現から見ていきましょう。性質や状態を表わす性詞 vui「楽しい」＋程度が著しいさまを表わす副詞の quá で気持ちを表わすのが「基本形」です。今まで出てきた性詞を使えば，Hay quá!「面白いな，いいな」，Mừng quá!「うれしいな」などが言えますね。

Tuyệt vời!　素晴らしい！

　次は tuyệt vời です。「他と比べようがなく，理想的な状態である」ことを表わす語です。上の例のように単独で用いるほか，Ngon tuyệt vời!「素晴らしくおいしい」のように性詞の程度が著しいことを表わす副詞の働きもします。また，tuyệt のみで Ngon tuyệt. と表現することもできます。

　「とても」「とっても」など，性詞の程度を表わす副詞には rất, lắm, quá があり，さらに tuyệt vời も出てきました。このほかの「とても」も眺めておいて，思う存分に気持ちを表現してみましょう。

Thật là ngon.　実においしい。

　thật là は性詞の前に置いて「実に，まことに」の意味です。Thật ngon. や Ngon thật. のような類似表現もありましたね。

　さて，南国の暑さでカラカラになった喉を潤した後には，以上のような理屈っぽいセリフではなく，このひとことがぴったりです。

Đã quá!　気持ちいい！

　đã は動詞につく部品ですね。しかし，口語表現で「気持ちいい」とか「スッキリした」という決まった言い回しでも使います。

ポイント!　【性詞＋ quá!】は気持ちを表現する基本形

続いて，ベトナム語の嘆きを見ておきます。まずは，悲しみから。

Chán quá! 嫌になっちゃった，退屈だな。

chán は「嫌になる」「退屈する」「飽きる」の意味です。わたしは đời「人生」という語を使った Chán đời quá!「人生が嫌になっちゃった」というベトナム語が結構好きなのですが，どういうわけかベトナム人の友人は「わたしの嘆き」を聞いて笑っています。

Buồn ơi là buồn. 悲しいったらありゃしない。

buồn は「悲しい」「さびしい」を意味する性詞です。ここでは ơi là を挟んで性詞を繰り返す表現に親しんでおきたいですね。buồn 以外の性詞も使える，「とっても～だな」のパターンです。

ポイント! 【性詞＋ơi là＋性詞】は「とっても～だな」の感嘆表現

Đen quá! ツイてないなあ。

不運は，đen「黒い」を使って嘆きましょう。丸ごと買った dưa hấu「スイカ」を切ってみたらスカスカ。そんなときは，xui「運が悪い」を使った Xui quá! で嘆いて，ウサを晴らします。

Chán như con gián! ゴキブリみたいにイヤっ！

これは「とっても嫌だな」という気持ちを，gián「ゴキブリ」を引き合いにして言っています。年長のひとはあまり使わないので，若いひとたちの表現ですね。như は「～のように」を表わす語です。Học tiếng Việt chán như con gián. なんて言わないようにしましょう。

さて，次は「嘆きのことば」です。

Ôi cha! あれまあ，あちゃー。

これはびっくりしたとき，見ていて痛々しいときなどに使います。ほかには，英語やフランス語と同じように "Ố là la!" があります。「ウー・ラ・ラー」という響きです。年配の女性が用い，男性は使わないようです。

Ối giời ơi! （北部で）おお，神よ！

これは，おそらく一番覚えやすいベトナム語ひとこと会話でしょう。よい意味

でも，悪い意味でも予想外の事態に出くわしたとき，心の底から何か感情が湧いてきて，とにかくそれをことばにしたいとき，ベトナム人はこのセリフを口にしています。南部バージョンには Trời ơi!「おお神よ！」，Trời đất ơi!「天よ，地よ！」，Trời đất!「天！地！」もありますから，ぜひ使ってください。まずはお土産物屋の値段交渉で，売り手が値段を言ったら，間髪いれずに返してみましょう。まさに，嘆きのベトナム語の「王様」のような表現です。

Chết rồi! しまったー，わちゃー。

何かタイミングを逸したとき，不意打ちされたとき，失敗したときの「定番」がこれです。chết は「死ぬ」，rồi は動作が完了したことを表わす部品ですが，実際に死ぬわけではなく，日本語の「やばい」とか「やられた」のような感じですね。

Ghê quá! 恐ろしい！

ghê は不快さや恐ろしさを表わす語です。事件や事故の現場に出くわしたときに思わず口を衝いて出てくるのがこれです。また，何かイヤなこと，不愉快なことを言われたときには，これでやり返しましょう。

ここまで見てきた「嘆きのベトナム語」が上手に使えるようになれば，あなたも立派なベトナム語の話し手です。単語がわかる，文がわかるにとどまらず，気持ちがわかるというレベルに高まってきました。

次は嘆いてばかりもいられない，「怒りのベトナム語」です。外が何やら騒々しいです。誰かが言い合っているようです。そーっと見に行きましょう。

Mẹ nó!

これは喧嘩のはじめ，あるいはいよいよ我慢できなくなって感情が爆発しそうなときのセリフです。「この野郎！」のような意味です。一度こう言ったら引っ込みがつかないので，実践の場を探さないようにしましょう。

Đồ chó!

đồ は「モノ」の意味です。人間相手に使うと，強い侮蔑の表現になります。chó は「犬」でしたね。

Đồ mất dạy!

mất は「失う」，dạy は「教える」の意味です。「教育が足りない」ということで，

このセリフは字面こそ柔らかいですが，かなり強い侮蔑を含みますから，相当に怒っているときにだけ使うようにしましょう。同じ種類に Đồ vô văn hóa! があり，こちらは相手の振る舞いが腹に据えかねるとき，無礼な仕打ちを受けたときに使います。

　このような「怒りのベトナム語」は，ベトナム人が自分の怒りを爆発させるときに使っています。わたしたちが興味本位で使うと「火傷」するので，注意が必要です。

　さて，喧嘩のやめかたも知っておかないと，日越友好が進みませんね。

Thôi! / Thôi đi. やめよう。

thôi は「止める」「やめる」「停止する」の意味です。相手の長話を遮るときにも使えますし，喧嘩や口論をやめるときにも使えるし，他人の喧嘩の仲裁にも使えます。なお，上で見てきた喧嘩についての表現には音源がありません。収録のときに熱が入って思わず喧嘩！なんてことになってもいけないので…。悪しからず。

　ベトナム語の喜怒哀楽や喧嘩の仲裁…。ベトナム語の気持ちがだいぶ見えてきましたね。

（4）気持ちを伝える部品

朝の学校の風景を思い出すと，ベトナム人の学生たちがこう言っていました。

Em chào thầy ạ.　先生，おはようございます。　　　DL75

この文の最後にある ạ は礼儀正しさや敬意といった，「気持ちを伝える部品」
です。では，ạ のほかに，どんな「気持ちを伝える部品」があるのか，一緒に見
てみましょう。

Long ơi!　ロ〜ン！

誰かがロンを呼んでいます。「ロン」の後についている ơi は，呼びかけの部品
です。日本語では，たとえば山田さんを呼ぶときに「やまださーん」とか，親し
い間では「ヤマダー」のように名前を伸ばしたり，イントネーションを変えたり
して言うことができます。しかし，ベトナム語ではそれぞれの語に声調があるの
で，勝手に節回しをつけないでくださいね。また，イントネーションを変えても
いけません。

お店で店員を呼ぶときの「決まったセリフ」も ơi を使います。店員が男性な
ら Anh ơi!，女性なら Chị ơi! です。この「あなた」に相当する語の使い分けは，
すでに見てきたとおりです。

> **ポイント！**　親しい間の呼びかけは「人名＋ ơi!」
> 　　　　　　　店では「あなた＋ ơi!」

なお，これは目上のひとを呼ぶときには使えません。*Thầy Huệ ơi! ではなく，
Thầy Huệ ạ! と呼べば「フエ先生っ！」の意味になります。

Long không đi à?　ロンは行かないんだ？

同じ a の文字でも，à は「意外な気持ち」を表わします。上の例では，話し手
は「ロンは行く」と思っていたのに，意外にも行かないと知りました。そこで，
そのことを確認するために聞いています。逆に Long cũng đi à? なら，「ロンも
行く」ことにびっくりして「ロンも行くの？」と聞く文になります。

Long không đi hả?　ロンは行かないの？

この文には hả がついています。年上，目上のひとが，年下，目下のひとに対して，あるいは親しい間で疑問に感じていることを聞きなおすときに使います。「えー，どうして？」という気持ちを含んでいます。自分より目上のひとに対しては使えません。

Hả? Long không đi hả?　はあ？　ロンは行かないの？

また，日本語でも，ついカッとしたときに「はあ？」と言いますが，同じような使いかたもあります。この例では，ロンが行かないことに対して，かなり意外に感じて，しかもムッとしています。

Hả?　はあ？　えっ？

このように，hả は単独でも使います。驚きや侮蔑の気持ちが入りますので，どんな場面で使うのか，気を付けたいですね。

Long cũng đi chứ!　ロンも行きますよ！

ここでは文末の chứ に注意してください。強調する働きがあります。「当然」ロンも行きますよ，行かないなんてことはあり得ませんよ，というニュアンスです。次のような会話にも慣れておきたいですね。

Chị ăn nước mắm được không?　あなたはヌオックマムを食べられますか。

nước mắm はベトナム料理で最も基本的な調味料である魚醬で，日本ではヌオックマムとかヌクマムと呼ばれています。もちろん答えは，

Ăn được chứ!　もちろん食べられます！

ですね。この chứ は，その前にある「可能」を表わす được「できる」を強調しています。また，chứ を使って，もちろんそうだろうけれどと相手に確認することができます。

Chị ăn được nước mắm chứ?　あなたはヌオックマムを食べられますよね。

さあ，どんどん見ていきましょう。キムが外出の準備をしています。声をかけてみましょうか。

Kim đi đâu đấy?　キムはどこに行くの？　🔘DL**76**

đấy は「〜なの？」や「でしょ！」のような感じで使える語です。文の意味

を強める働きがあります。もっぱら親しい間柄で使い，目上のひとに対しては使いません。

Kim đi chợ đấy! わたしは市場に行くのよ！

疑問文にも，答える文にも使えて便利ですね。ベトナム人は，親しい間では自分の名前で「わたし」を表わすことがあります。ここではキムが自分の名前で「わたし」を言っていますね。chợ は「市場」です。あれ，ロンもソワソワしています。

Long cũng đi mà! 僕も行くのに！

ロンも自分の名前で「わたし」を表わしていますね。文末の mà にも注目してください。ここで mà は，聞き手に対して，強い肯定や説得の役割をしています。つまり，ロンが「僕も行く」ということを強調しています。

さて，先ほどの「ヌオックマムを食べられますか」の質問に mà を使って答えてみます。

Ăn được mà! 当然食べられますよ！

こちらは「当然食べられるし，あなたはそれを知っていると思っていたのに，今さらどうして聞くの？」という意味合いです。

たとえば目上のフエ先生に Chị ăn nước mắm được không? と聞かれたら，礼儀正しく，こう答えるようにしましょう。

Dạ, được ạ. はい，食べられます。

ạ は礼儀正しさ，丁寧さの ạ です。文頭の dạ もぜひとも知っておきたい語です。日本語の「はい」とおなじで，肯定文にも否定文にも使える「返事のことば」です。礼儀正しく，丁寧な表現ですから，うまく使いこなしたいですね。また，「はい」と答えるときに使う "Vâng." も便利な表現で，主に北部で使われます。ヌオックマムが苦手なら，

Dạ, không được ạ. いいえ，食べられません。

と答えましょう。あなたがこのように答えたら，たとえ No! の返事でも，相手は気分を害しません。Không. だけだと，ベトナム人には強い否定に響きます。

ポイント！ dạ は「はい」「いいえ」両方に使える，丁寧な返事の語

次もまたまた使用頻度が高い表現です。

Long đi cẩn thận nhé!　ロン，気を付けて行きなさいね。

nhé は，音の響きが日本語の助詞「ね」によく似ています。働きも類似しています。自分が言ったことに聞き手の注意をひきつける役割，アドバイスや提案などを親しみの気持ちを込めながら強調する役割を持っています。nhé がなければ，「気を付けて行きなさい」という命令です。例文では，nhé があることによって，親しい感じが出ています。目上のひとに対しては使いません。

なお，cẩn thận は「慎重にする」とか「気を付ける」という意味です。đi cẩn thận は決まった言い回しで「気を付けて行く」です。ベトナム語には「行ってらっしゃい」にズバリ相当する表現はないのですが，Đi cẩn thận nhé! はかなり近い表現でしょう。

Long đẹp trai nhỉ!　ロンはハンサムですねえ。

最後に nhỉ を見ておきます。自分が言ったことを柔らかく強調して相手の同意や賛同をもとめる部品です。相手がいなくても，独り言でも使えます。đẹp trai は「ハンサム」「いい男」です。これは，自分が言うよりも，誰かに言われたい語ですね。

ここで重要なことをひとつ。nhé や nhỉ は南部ではあまり使われません。nhé ではなく nghe とか nghen という語を使います。nghe には「聞く」の意味がありますが，この場面では違います。Long đi cẩn thận nghe! のように言います。また，nhỉ の代わりに ha を用いた，Long đẹp trai quá ha!「ロンはとってもハンサムだね！」が一般的です。

知り合いのハノイっ子に言わせると，à, ừ, nhỉ, nhé はハノイらしい表現だそうです。これらは気持ちを伝える部品ですから，地域差も多いのでしょう。なお，ừ は返事の「うん」です。これはハノイに限らず，ベトナム全土で親しい間の返事に多く使われています。

今までは，個人の気持ちや感情の表わしかたを中心に見てきました。そこには
ベトナム語の面白さを感じさせる表現，どぎつい言いかたなどがありました。一
転して，これからは公式な場面で，ベトナム人は気持ちをどのように表わすのか
を見ていきます。

Tôi đồng ý với ông.　わたしはあなたに同意します。

公式な場面ですから，「わたし」には人間関係無味無臭の tôi が選ばれています。
また，「あなた」の方は ông が使われているので相手はあまり親しくない男性で
す。人称の選択にも気持ちがにじみ出ているのがベトナム語の大きな特徴です。

> **ポイント!**　公式な場面のわたしは tôi　あなたは ông, bà
> みなさまは quý vị

đồng ý〈同意〉は「同意する，了解する」の意味で，相手の考えや意見に同
意するときに使います。

Chúng tôi không chấp nhận được.　わたしは受け入れられません。　**DL77**

chấp nhận は「受け入れる，認める」です。相手の発言や提案を Không! の
ひとことで片づけられないときにこう言います。自分の意思の伝えかたにもいろ
いろあるのですね。また，【không ＋動詞＋補語＋ được】は不可能を表わすか
たちです。この例文には補語はありません。

chúng tôi「わたしたち」は 1 人称の複数でした。しかし，公式な場面でのスピー
チや発言，書物では「わたしたち」のほかに，「わたし」の畏まったかたちとし
て使われることがあります。

> **ポイント!**　chúng tôi は「わたしたち」，「わたし」の畏まったかたち

Tôi sẵn sàng giúp đỡ.　いつでもお力になります。

具体的に何か手伝うのではなく，こちらの好意を伝えるなら，こんな表現もあ
ります。sẵn sàng は「用意周到に整えて」とか「いつでも～できるように決心

している」の意味で，ベトナム人がよく使う表現です。何か頼まれたときに Sẵn sàng! といえば，「喜んで！」とか「いつでもどうぞ」の意味になります。この語を辞書で引くと，例として sẵn sàng chiến đấu「いつでも戦闘の用意がある」が出ているのにはどっきりしてしまいますが…。

次に，社交的なシーンを見てみましょう。ベトナムであなたにスピーチのチャンスがあれば，最後のひとことはベトナム語で言ってみると，ベトナム人の印象に残るでしょう。

Chúng tôi xin chân thành cảm ơn quý vị.　みなさま，誠にありがとうございます。

これは，親しい間なら Cảm ơn nhiều.「どうもありがとう」ですむ内容を，パーティーや会議などの改まったシーンで言うときの定番フレーズです。chân thành は「心の底から」という意味です。また，丁寧さを示す xin があるので，誠意とともに一層の感謝の気持ちが出ています。Xin cảm ơn quý vị!「みなさま，ありがとうございます」の表現も便利です。

今度は公式な場面での呼びかけです。いつもの癖でついつい Long ơi! と呼んでしまいそうですが，スピーチで名前を出すときなどは，決まってこのように言います。

Kính thưa ông Nguyễn Văn Long, giám đốc công ty bia ABC!
ABC ビール社長グエン・ヴァン・ロン様！

kính thưa を相手の名前に付けます。kính には相手に敬意を示す働きがあります。具体的な敬意や尊敬というよりは，形式的で社交的な表現です。ここで重要なポイントがふたつあります。

あなたがスピーチするときに，ゲストが複数いるなら，そのゲストの「序列」どおりに【Kính thưa ＋人名】で並べます。そして，最初の呼びかけではフルネームと肩書を述べます。2 回目以降では 2 人称の代詞と相手の名前部分だけでかまいません。ゲストの序列や尊称は外国人のわたしたちにはわかりにくいので，ベトナム人に事前チェックしてもらうといいでしょう。

công ty〈公司〉は「会社」，giám đốc は「社長，所長」など，組織の長を意味する語です。日本語の「ABC ビール」とベトナム語の công ty bia ABC の語順の違いも面白いですね。まず công ty「会社」といってから，どんな会社なのか，何という名前なのかをつなげていきます。

さて，パーティーや宴会など社交の席の「皆勤」は難しいですね。せっかく誘われたものの残念ながら欠席するときに備え，「残念ですが〜」の表現も見ておきましょう。

Chúng tôi lấy làm tiếc là không đi được.　残念ながらわたしは行けません。

ここでは【lấy làm ＋気持ち】が重要です。あまりストレートではなく，当たり障りなく自分の気持ちを表わしたいときには，この言いかたが便利です。tiếc は「残念な，惜しい」の性詞で，また「惜しむ」を意味する動詞でもあります。何を残念に思うのか，その中身が là 以下に示されています。là は句や節を導く部品です。

続いては，公式な場面で私見を述べる例を見てみましょう。せっかく企画した海水浴，しかし台風で高波です。会議では，ロンが勇気を持って中止を主張します。

Theo tôi nghĩ, chúng ta không nên đi.

わたしが考えるかぎり，我々は行くべきではありません。

theo は「従う」「追従する」，nghĩ は「考える」の意味です。文頭の theo tôi nghĩ は決まり文句で「わたしが考えるところ」とか「考えるかぎり」の意味です。自分の見解を述べるときの前置きとして用いられます。【nên ＋動詞】は「～すべき」でしたね。

Theo tôi biết, ông Long làm việc rất nhiệt tình.

わたしが知るかぎり，ロン氏はとても熱心に仕事します。

類似した表現に theo tôi biết「わたしが知るかぎり」があり，同様によく使われます。「わたしが知っているかぎりでは」と前置きしているのですね。なお，nhiệt tình は「熱心に」の意味です。

最後にお詫びと釈明です。こんなふうにすれば，その場は何とかしのげるでしょう。

Tôi thành thật xin lỗi.　衷心からお詫びします。

いわば「普段使い」の Xin lỗi。「ごめんなさい」に比べて，格調高い謝罪です。thành thật は「嘘や偽りではなく，自分の考えや心情そのものである」ことを意味する性詞です。

Đó là ngoài ý muốn của tôi.

それはわたしの意図しないところです。

ý muốn は「願い，希望」や「意図」の意味です。ngoài は「外側の」ですから，ngoài ý muốn は「望まない，意図しない」になります。

Tôi không cố ý.　故意ではありません。

cố ý〈故意〉は「故意にする」を意味する動詞です。

　次は，ベトナム語のスピーチの実例を見ながら，ここまで出てきた表現を確認してみましょう。

　ベトナム共産党のある式典でのスピーチの冒頭です。

Kính thưa đồng chí Phạm Minh Chính - Ủy viên Bộ Chính trị - Thủ tướng Chính phủ nước Cộng hoà Xã hội Chủ nghĩa Việt Nam,
Kính thưa các vị khách quý,
Thưa các đồng chí và các bạn!

　最初に「ファム・ミン・チン同志，政治局員，ベトナム社会主義共和国首相」とフルネーム＋肩書で呼びかけています。続いて các vị khách quý「ご来賓のみなさま」です。khách〈客〉は「お客さん」，quý は「尊い」の意味です。vị は「偉い人」を尊敬の気持ちをこめて呼ぶ語です。そして các đồng chí「同志のみなさん」と các bạn「みなさん」には kính thưa ではなく thưa を使い，丁寧にかつ親しみを込めて呼びかけています。đồng chí〈同志〉は「同志」，政治的方向性を共有する間柄，人物を意味する語です。

　公式な場面では「呼びかけ」そのものにも意味があります。どの順番で，誰をどう呼びかけるのかは，ベトナム人にとっては重要な問題なのです。

ポストは丁寧に頼む

　メールや SNS 全盛のいまでも，旅先からの絵はがきは，送る方も，受け取る方もうれしいものです。そして，ベトナム語がわかればもっと楽しめます。

　まずは，「絵はがき」の言いかたから見てみましょう。絵はがきはbưu thiếp です。この語は絵はがきに限らず，はがき全般を指しますが，辞書には「通常は，片面に絵ないし写真がある」と説明があります。絵はがきに貼るのは切手。これはベトナム語で tem と呼びます。類別詞は cái ではなく，con を使うのが新鮮に感じます。切手は生きものではないのですが，con で区別します。ちなみに絵はがきの類別詞は cái，あるいは「四角くて薄い」という形状に着眼して tấm を使ったりします。

　宛名や住所は日本語で書けば届きます。でも，せっかくですからJapan の代わりに Nhật Bản「日本」，by air mail ではなく thư máy bay と朱書きしてみたいですね。thư は「手紙」，máy bay は「飛行機」。

さて，投函！と郵便局のあたりをうろうろすると，黄色いポストが目に入ります。Bưu chính Việt Nam「ベトナム郵政」の文字が見えます。真ん中には収集時刻が書いてありますね。

　一番下を見てください。ずいぶん丁寧なベトナム語が書いてあります。

Xin quý khách vui lòng không bỏ tiền vào trong thư.

　ちょっと見にくいですが，このように書いてあります。quý khách は「お客さま」の意味ですね。【bỏ ＋モノ＋ vào trong ＋入れもの】は「モノを入れものの中に入れる」を表わす言いかたで，ここでは「tiền（お金）を thư（手紙）に入れる」となっています。

　そこで，もう一度文全体を見てみると，Xin と vui lòng が見えてきます。これは，相手に何かを頼むときに使う，とても丁寧な表現です。「どうぞ〜してください」と言うときにはこのかたちを使います。目上のひととの会話，公式な場面でも使える，礼儀正しい表現です。しかし，ポストのメッセージには，bỏ の前に không がありますね。không があれば打ち消しですから，【Xin ＋相手＋ vui lòng ＋ không ＋動詞句】で「どうか〜しないでください」の意味になります。つまり，これは「お金を手紙に入れないでください」というメッセージを発しているのです。

　もちろん，わたしたちにはあまり縁がない「注意書き」ですが，ベトナム語を楽しく学ばせてくれる「教材」が街のいたるところにあって，まさに「街も教室」を実感するひとときです。

第2章

ベトナム語の横糸と縦糸

（1）ベトナム語の方言感覚

　ひとが話すことばを聞くと，そのひとの世代や出身地が想像できますね。それは，世代や地方によってことばにバリエーションがあるからです。発音の違い，使う語の違い，言い回しの違い。それぞれが，そのひとのことばを特徴づけます。

　ベトナム国内の観光地で，きれいな景色を見たベトナム人から歓声があがります。

Đẹp quá nhỉ!　とってもきれいだね。　　　　　　　　　　**DL 78**

　また別のひとからはこんな声が聞こえました。

Đẹp quá ha!　とってもきれいだな。

　最初の歓声はおそらく北部出身のひとでしょう。そして，後のものはきっと南部出身のひとでしょう。違いは文末にある感嘆を表わす助詞です。nhỉ には，述べた事柄を強め，話し相手の同感や同意を得る働きがあります。これは主に北部のひとが使う表現でしたね。「à，ừ，nhỉ，nhé はハノイらしい表現」という，わたしの友人のハノイっ子のことばを思い出してください。一方で，南部のひとにとって ha や ta は，感動や驚きの気持ちをこめた発話に欠かせない部品です。nhỉ を使うことはあまりありません。

　次の4つの文は北部方言と南部方言でそれぞれ収録してあります。

Cho tôi một cốc bia tươi.　生ビール一杯ください。
Cho tôi một ly bia tươi.　　生ビールを一杯ください。

　あなたがホーチミン市のビアホールでこう注文すれば，「このひとはハノイでベトナム語を勉強したな」と思われる可能性大です。cốc は「コップ」の意味ですが，中部や南部では ly を使います。このように，語レベルの地域差もあります。

　今度は音の地域差です。

Đây là áo dài.　これはアオザイだ。

　ベトナムの民族衣装といえばアオザイですね。しかし，人口の半分以上が áo

dài を［アオヤイ］と発音します。おおよそクアンナム省以南は横棒がない d を，日本語でいえばヤ行の音で出します。それで［アオヤイ］です。

　次の例も見てみましょう。

Dương là vợ của Dũng.　ズオンはズンの妻だ。

　Dương と Dũng，ともに人名です。語頭の子音は横棒なしの d。やはりベトナム全土で半分以上のひとが［ユオン］［ユン］と発音しています。「違う」といっても，どちらもベトナム語ですから南部出身の「ユオン」さんが，北部出身の友人に「ズオン」さんと呼ばれても，それが自分のことだとわかります。

Giang đã mua áo dài cho Dương rồi.　ザンはズオンにアオザイを買った。

　「gi＋母音」の gi もヤ行の音です。中部や南部のひとならザンはヤン，ズオンはユオン，アオザイはアオヤイと言います。さらに，動作や状態の完結を表わす rồi は，語頭の子音 r がザ行ではない，別の音で出てきます。舌を反らせて，さらに震わせて作る音で，聞いた感じは巻き舌のような音です。

　さて，今度はフォー屋さんの風景です。

Cho tôi một bát phở bò.　牛肉入りフォーを一杯ください。
Cho tôi một tô phở bò.　　牛肉入りフォーを一杯ください。

　次々に注文が入って大忙し。おなかが減りましたが，わたしたちの関心事はフォーを注文するベトナム語です。まずは違いを見てみましょう。字で見ると，違いは bát と tô です。どちらも「どんぶり」の意味です。bát は北部で使われる語，tô は南部で使われる語です。

　しかし，違いは語だけではありません。音を聞いてみてください。音を聞くと，phở も違いますね。北部方言の「尋ねる声調」は「エー，うっそー」というときの「エー」のように高い→低い，そして最後にまた少しだけ上げます。南部ではなめらかに下げ，元の高さまでなめらかに上昇させます。高低の振り幅が大きいのです。

　同じ記号を使うので，文字ではわかりませんが，実際にベトナム人が話しているのを聞けば，声調が明確に異なっているのがわかります。

　ベトナム人が話すベトナム語を聞くと，そのひとの大まかな出身が推測できるのは，ざっと見る（聞く？）だけでも，語が違い，語頭の子音や声調が顕著に異なるからです。また，よく聞けば語末の子音，そして母音にも地域差があります。したがって，もっともっと掘り下げれば，北部と言ってもハノイと郊外では異な

り，中部ではフエとタインホア省ではその違いは大きく，南部でもホーチミン市とメコンデルタでは差がありますので，方言研究に詳しい先生から忍耐強く習えば，「出身地当て」の達人になれます。

　中部・南部方言の話者数は北部方言の話者数よりも多いですが，ベトナム語の標準語は北部方言，特に首都ハノイで話されるハノイ方言です。テレビの全国ニュース，山岳地帯に居住する少数民族向けのベトナム語教育などでは，北部方言が標準語としての役割を立派に果たしています。

　なお，南部のホーチミン市で生まれ育っても，両親が北部出身の場合は，家庭の言語環境は北部方言です。子供は，南部方言を聞いて理解することに何も問題ありませんが，自分が話すのは北部方言です。また，フエ出身でよその土地に暮らすひとには，日常的にフエ方言を使うひともいますし，日ごろは居住地の方言を，そして家庭や親族と話すときのみフエ方言を使い分けているひともいます。

　だから，あなたがあるベトナム人に，

Chị đi đâu thế?　あなたはどこに行くの？

と尋ねられたからといって，そのひとが 100 パーセント北部出身だとは言い切れません。家に帰ると，弟には同じことをフエ方言で Em đi mô rứa? と聞いているかもしれないのです。

　わたしたちは，方言というと，どうしても地域差ばかりを考えてしまいます。しかし，ことばのバラエティは地域差だけではなく，時代によるものもあります。前者を地理的方言と呼び，後者は社会的方言の一部です。

Bác đi nhà băng.　わたしは銀行に行ってきます。

　知り合いの熟年女性は，わたしと話すときには自分を bác と言っていました。人称の話はさておき，出会った当時のわたしは，この nhà băng がわからなかったのです。英語で bank と言いなおしてくれたので，bank と băng は音が似ているなあ，だから銀行かとわかりました。しかし，学校の授業では ngân hàng と習います。辞書を見ると nhà băng は見出し語になっています。そして [cũ] と注がついています。cũ は「古い」の意味なので，これは古い表現ですね。そこで，昔の辞書を見てみることにしました。1967 年にサイゴンで出版された越英辞典にはもちろん nhà băng が見出し語に採用されていて，[cũ]「古い表現」の注釈がなく，堂々とした振る舞いをしています。

　ちなみにこの辞書には ngân hàng は ngân-hàng として出ています。こちらは用例として Ngân-hàng Quốc-gia「国家銀行」が挙げられています。nhà băng は主に口語で用いられ，書きことばでは ngân-hàng を使っていました。銀行の看板は，もちろん ngân-hàng です。同じような例に「病院」の nhà thương と bệnh-viện〈病院〉があります。口語では nhà thương を，書きことばでは bệnh-viện でした。今は bệnh viện ですね。

Tuần sau bác đi Đại-Hàn.　来週，韓国に行きます。

この方はソウル旅行の前に，こんなことを言っていました。

最近の辞書には Đại-Hàn は出ていません。これは漢越語〈大韓〉で，韓国の意味です。旧南ベトナムではこう呼んでいました。アメリカ各地のリトルサイゴンの住人には今もこの呼びかたをしているひとが多くいます。

よその国をどう呼ぶかというのは，言語学の問題というよりは政治の問題ですね。「韓国」を，ベトナム戦争終結後には Nam Triều Tiên〈南朝鮮〉と呼びました。しかし，この語もすでに辞書から消えました。92 年にベトナムと韓国の外交関係が樹立されてからは Hàn Quốc〈韓国〉と呼びます。

さて，ngân-hàng や Đại-Hàn をよく見ると，音節の間に -（ハイフン）が入っていますね。これも重要な変化です。旧南ベトナムの正書法です。正書法といっても「法律」ではなく，文字と音の関係を決めたルールです。「どう書くのか」の決まりが，今と昔では違うのです。

この章では，ベトナム語のバリエーションを横の広がり（地理的方言）と縦の広がり（社会的方言）というふたつの視点で見てみます。「ベトナム語の世界」が少しでも広がるといいですね。

3 部　ベトナム語の香り

(2) 地域差という横糸

　ベトナムはSの字のように南北に長い国土を持ちます。ひとくちにベトナムといっても，南北で大きな地域差があります。たとえば，麺料理。フォーはもともと北部のものです。グルメが多いホーチミン市でも hương vị miền Bắc「北部風味」と誇らしげに書いてあるフォー屋を見かけます。中部のダナンなら mì Quảng，フエなら bún bò Huế など，地名入りの「ご当地麺」の語はベトナム旅行前に準備しておきましょう。

　ご当地名物なら，ことばだって負けていません！　ここからは，活字と音声データで「ご当地ことば」を味わってみましょう。まずは，ベトナムを北から南へ。

Hôm nay là ngày hai mươi nhăm tháng bảy. 　今日は7月25日だ。

　hai mươi nhăm を見てください。この nhăm は lăm が変わったもので，北部で使われます。「25」以上の一桁目の「5」を lăm ではなく nhăm です。また，「20」の方も hai と mươi が縮まって hăm という言いかたになることもあります。

Anh là người nước nào? 　あなたは何人ですか。

　ハノイ近郊には頭子音の n を l で発音する地方があります。nào「どの」の n を l に変えれば Lào「ラオス」です。別の地方のひとが，この質問に，Tôi không phải là người Lào.「ラオス人ではありません」と真面目に答えたというのは定番の小噺です。ここで出てきた người「ひと」，nước「国」はどちらも頻出語です。

　さて，ハノイを離れて南に下ると，中北部は nói nặng「重い発音」をする地帯です。これは，「鋭い声調」「尋ねる声調」「倒れる声調」が「重い声調」に変わるためで，故ホー・チ・ミン主席はじめこの地の出身者はこの方言を大切に話しています。nước Cộng hòa Xã hội Chủ nghĩa Việt Nam「ベトナム社会主義共和国」を，声調に注意しながら発音してみてください。かなり別の響きでしょう。

　古都フエは世界文化遺産に指定された建築物が有名ですが，フエ方言もなかなか興味深いです。「鋭い声調」と「尋ねる声調」が重く発音されるので，やはり重く聞こえます。

Cho tôi một tô bún bò Huế. 　ブンボーフエを一杯ください。

　名物ブンボーフエ（辛いスープの麺料理）をフエ方言で頼んでみましょう。

Huế「フエ」という地名も，フエ方言の「鋭い声調」独特の響きで発音されます。

　また，フエ方言では đâu「どこ」が mô，thế「そのように」が rứa など，固有の語も多く使われます。ベトナム人がよく使うセリフ "Không sao đâu!"「大丈夫です！」は，sao がフエ方言では răng に変わるので，

Không răng mô!　大丈夫です！

になります。フエ出身の女性にフエ方言でこう言われると旅情も格別でしょう。

　Đèo Hải Vân「ハイヴァン峠」を越えるとダナンです。同じ中部でも峠を挟んでクアンナム地方以南では「重い響き」はなくなります。そして「尋ねる声調」と「倒れる声調」の区別がなくなり，ともに高低の振り幅が大きい声調で発音されます。これは南部方言の大きな特徴です。

Anh Tahara ơi!　Một hai ba dzô!

田原さん，乾杯！

　ダナンを含め，クアンナム地方では母音の a は「オア」のように聞こえます。タハラが「トアホアロア」と響きます。数字の「2」は，ai の部分が「ウア」みたいな音になります。また，ă も独特な音です。こんな文があります。

Ăn thì ăn, không ăn thì tắt đèn đi ngủ.

食べるなら食べる，食べないなら電気を消して寝よう。

　ăn は「食べる」，tắt đèn は「消灯する」です。ngủ は「寝る」を意味します。また，【A thì B】は「A なら B である」を表わすかたちです。意味を確認したら，音を楽しみましょう。かなり「エ」に近い「ア」の音が聞こえましたね。

　また，この地方から南では anh の発音が異なります。北部方言では「アイン」ですが，「ア」を言い終わると同時に舌を上あごにピタリとつけて「ン」と続けます。わたしたちには「アン」と聞こえます。さあ，ホーチミン市に着きました。

Anh Thanh đi chợ Bến Thành.　タンさんはベンタン市場へ行く。

　ホーチミン市の真ん中，ベンタン市場。これを北部方言でいえば「ベンタイン」，地元のひとは南部方言の anh，つまり舌を上あごピッタリの「ン」で出します。

Anh ăn trưa chưa?　もう昼ごはん食べましたか。

　trưa と chưa の音が異なります。ホーチミン市では，tr は舌を反らせて発音します。人名の Tri さん，Chi さんもきちんと区別しましょう。

Chị Tri và Chị Chi sẽ đi xe buýt.　チーさんとチーさんはバスに乗る。

Tôi không biết ông ấy.　　　　わたしは彼を知りません。

biết「知る」の末子音 t がいくぶん c の感じになります。南部方言では語末の子音が変わっています。また,「彼」は ông ấy ではなく, ổng と聞こえるときもあります。3人称の anh ấy, chị ấy, ông ấy, bà ấy はいずれも (1) ấy が取れて (2) 人称の代詞が「尋ねる声調」に変わります。

メコンデルタを南下し, Mũi Cà Mau「カマウ岬」の方まで行くと,「酒を一杯,おつまみにヘビとカメを」とあたたかい歓迎を受けます。

Rượu, rắn, rùa!　酒, ヘビ, カメ !

語頭の r がガ行の音で聞こえます。わたしの場合, こんな違いがわかっていたのは宴席の最初だけで, メコンデルタの紳士たちは異常に酒が強く, カマウの夜が更けるころには r の巻き舌だけが上手な Xỉn rồi!「酔っぱらった!」を言うのが精いっぱいでした。

ここまで紹介したのは, それぞれの方言の音の特徴のごく一部です。音の違いを考えるときには, 声調がどう違うのか, 語頭の子音はどうか, 母音はどうか, 語末の子音はどう発音されているか, 4つの視点が必要です。

また, 語の違いについては「方言辞典」などを活用するとよいでしょう。書店の辞典売り場には Từ điển tiếng Huế「フエ語辞典」や Từ điển từ ngữ Nam Bộ「南部のことば辞典」などの「お国ことば」の辞典が並んでいます。ここでは, 短期間の旅行でも実感できるものをいくつか紹介しておきます。まずは移動の手段,「車」の表わしかたです。

Tôi đi bằng xe ô tô.　わたしは車で行く。　　　　　　**DL 80**

車は xe ô tô ですが, 南部方言では xe hơi と言います。

食事のときは, 料理だけでなく, ことばの地域差もごちそうですね。フォーなど麺類の丼を北部なら bát, 南部なら tô と言います。麺のスープを飲むためにスプーンをもらうときも地方差があります。「スプーン」は北部では thìa, 南部では muỗng です。

そうそう, 食事の前後は手洗い励行。

Hoa rửa tay bằng xà phòng.　ホアは石鹸で手を洗う。

北部では xà phòng で手を洗い, 南部では xà bông で洗う, 何のことかわか

りますね。フランス語の savon がベトナム語に入ったのですが，この音が北部方言では xà phòng に，南部方言では xà bông で，それぞれ定着しました。rửa tay は「手を洗う」です。せっかくなので関連する語も洗いざらい一緒に覚えましょう。

Long gội đầu, Kim rửa chén. ロンは頭を洗い，キムは食器を洗う。

食後のひととき。同じ「洗う」でも動詞が違いますね。gội đầu は「頭を洗う」，つまり洗髪する，chén は「ご飯茶碗」ですが，rửa chén で「食器を洗う」の意味になります。

Hoa đánh răng. ホアは歯を磨く。

đánh は「たたく」や「磨く」を意味します。răng は「歯」です。đánh の -anh の部分，răng の頭子音の r は南と北で音の響きがかなり異なり，面白いですね。

最後に両親の呼びかたを見ておきましょう。

Bố mẹ đi bằng xe ô tô. 両親は車で行く。
Ba má đi bằng xe hơi. 両親は車で行く。

「車」の違いで想像できますね。北部方言では bố「父」，mẹ「母」，南部方言では ba「父」，má「母」と呼びます。

ところで，限られた日程（と予算）でベトナムのことばと料理のバラエティを堪能するなら，レストランに đặc sản〈特産〉（特産品，名物料理の意味）の文字を見つけたときに足を止めてみてください。名物料理と，その地方出身者の店員との会話で，お口だけはベトナム全土を経験することができるでしょう。

（3）時代という縦糸

　ベトナム戦争が終結し，南北統一が果たされてベトナム社会主義共和国という国名になってから30年以上が経ちます。社会の変化に伴って，ことばもまた変化していきます。ここでは，ベトナム語の「縦糸」をたどりながら，ことばの変化を実感しましょう。

Em có mạnh giỏi không?　元気ですか。　　　　　　　　　　DL 81

　ずっと前の話になりますが，わたしより20歳近く年上の知人女性はいつもいつもこの表現を使っていました。mạnh giỏi は最近耳にする回数が減った表現のひとつで，「体調が良好である，健康である」を意味する語です。南部では普通に使われていました。今なら，「元気ですか」は Em có khỏe không? あるいは Em có mạnh khỏe không? が一般的です。mạnh khỏe は「健康である」を意味する語です。

　下の例文も見てください。

Đi mạnh giỏi nghen.　お達者でね。お元気でね。

　そういえば，別れのあいさつにも mạnh giỏi が登場していました。親しかった老紳士は，お宅へ遊びに行ったわたしをこのことばで見送ってくれました。mạnh giỏi を使った表現は khỏe や mạnh khỏe に押されてきましたが，完全に死語になったわけではありません。今でも南部方言の話者どうしの会話で使われていますし，南部出身の在外ベトナム人が運営するウェブサイトやブログでも見かけます。

　次は，南北統一以前に発行された新聞広告からの引用です。

Thuốc này mới nhập-cảng từ Mỹ.　この薬はアメリカから輸入したばかりだ。

　この nhập-cảng〈入港〉に注目してください。統一以前の旧南ベトナムで出版された辞書には「輸入する」との説明です。反意語の「輸出する」は xuất-cảng〈出港〉とあります。しかし，現在ベトナム国内で一般的に流通している辞書には，「古い語」を表わす [cũ] がついています。今は nhập-cảng ではなく nhập khẩu〈入口〉が「輸入する」を，xuất-cảng の代わりに xuất khẩu〈出口〉が用いられます。

Thuốc này mới nhập khẩu từ Mỹ.　この薬はアメリカから輸入したばかりだ。

時代が下った現在では，この言いかたをします。

現代で，モノの出入りが xuất nhập khẩu〈出入口〉「輸出入」なら，人間の出入りはどのように表現するのでしょうか。

Xin mời anh đến Cục quản lý xuất nhập cảnh để làm việc.

出入国管理局にお越しください。

何やら恐ろしげな「招待状」が来ました。cục や quản lý は一度声に出して読んでみると漢字が推測できる漢越語です。イメージできますね。cục〈局〉は行政機関の「局」，quản lý〈管理〉は「管理する」です。次の xuất nhập cảnh〈出入境〉が「出入国」を意味します。したがって，「入国する」は nhập cảnh で，「出国する」は xuất cảnh です。

次の文を直接に聞いたことがある外国人はなかなかのベトナム通です。

Anh có mang giấy phép đi lại không? 移動許可書を持っていますか。

外国人もベトナム国内を自由に旅行できるようになりましたが，かつては事前の許可が必要でした。giấy は「紙」で，phép の方は「許可」を意味する名詞です。giấy phép だけなら「許可書」ですから，移動に限らず，ベトナムで許認可を求められる活動をするひとには深いつながりがある語です。なお，đi lại は「行ったり来たりする」です。giấy phép đi lại，または giấy thông-hành という語を使いました。thông-hành〈通行〉は「通る，通過する」の意味なので，giấy thông-hành は「通行書」です。

さて，ホーチミン市内を歩いていると Phở Tàu bay というフォー屋さんを見かけました。とても歴史ある店構えです。華美な内装で味は二の次，の最近のフォー屋からはかけ離れた雰囲気です。

tàu bay は「飛行機」を意味する南部方言ですが，現在は máy bay を用います。なお，かつては tàu bay のほかに漢越語の phi cơ〈飛機〉も使われました。「パイロット」は phi-hành-đoàn〈飛行団〉から tổ lái に変わりました。tổ〈組〉はグループを意味し，lái は「操縦する」とか「運転する」の意味です。語順をよく見ると，「グループ」＋「操縦する」で，ベトナム語らしい組み立てになっています。初代のご主人がパイロットの帽子をかぶって店先で腕をふるっていたので，この名前になったそうです。

国際機関の呼び名も変わりました。Hồng-Thập-Tự〈紅十字〉「赤十字」は，今は Chữ thập đỏ です。意味を比べてみると面白いですね。chữ は「字」です。thập は漢越語の〈十〉の意味です。đỏ は「赤い」ですね。十文字状を表わす

thập だけはそのままですが，あとは同じ意味の純粋ベトナム語に置き換えています。hồng は đỏ に，tự は chữ に変わっています。ここで，ふたたび語順に注目してみましょう。ベトナム語は被修飾語が先，修飾語は後でしたね。「赤十字」ではコアになるものは「字」，つまり chữ です。その後に，どんな字なのかを表わすかざりの部品を並べていきます。語の置き換えだけではなく，語の並べかたまでベトナム語らしくなりました。

　このように，ここ数十年間の時代の変化は，よりベトナム語らしい語順や語の選びかたを求めて変化している，と考えることもできます。他方で，やはり南北統一の経緯からでしょうか，xuất-cảng や nhập-cảng から xuất khẩu と nhập khẩu へ，tàu bay から máy bay と，北部方言の言い回しへの変化が感じ取れます。

Ty Giáo-dục　教育事務所

以前の新聞や行政文書を読んでいると ty〈司〉という語がよく出てきます。市レベルの各部局を意味する語で，たとえば Ty Giáo-dục〈教育〉なら「教育事務所」とか「教育局」です。今は Sở Giáo dục và Đào tạo です。giáo dục はそのままですが，đào tạo は「訓練」とか「トレーニング」を意味する語で，日本語の定訳は教育訓練局になりました。政治体制が変わったので，社会のさまざまなものの呼び名が変わるのも当然のことです。ただ，古い言いかたや表現が書籍や辞書からも急速に消えていくのは少しさびしい感じもします。

　変わるものがあれば，変わらないものもあります。先に見た，気持ちを表わすときに使う部品などは，時代が変わっても以前のままです。

Ảnh đi đâu vậy?　彼はどこへ行くの？

外出しようとしている彼について，どこ行くのかを他人に尋ねるとき，南部方言なら今も昔もこの言いかたです。文末の vậy は南部でよく使われる助詞ですし，最初の ảnh も見てくださいね。3人称の anh ấy が変化してできた，口語用の ảnh なんて語にも南部の香りが漂います。

Ở bển bả làm chi?　そちらで彼女は何をしているの？

bển は bên ấy とか bên đó が縮まったもので「向こう」「そちら」の意味です。これを南部方言独特の声調で，緩やかに柔らかく発音できたら，見事な người Nam bộ「南部人」の仲間入りです。最後の chi は疑問詞 gì の南部方言バージョンですから，意味は「何？」です。

一方で，北部出身者は南部に住んでいても北部方言を使って，次のように「彼は何をしているの」を聞くでしょう。

Anh ấy làm gì thế?　彼は何をしているの？

　anh の部分をはっきりと「アイン」のように発音する北部方言独特の「切れのよさ」が伝わってきて，これも気分がよいものです。北部出身者は自分たちのベトナム語こそが正統だと誇りを持っていますので，どこに住んでいても切れのよい北部方言で話します。

　ベトナムの発展に伴って，ひとやモノの移動が盛んになり，いろいろな地方の，いろいろな時代のベトナム語に触れることができるようになりました。ベトナム語の多様性に触れる旅は横にも縦にも続きそうです。

古い新聞記事
（池内秀樹氏提供）

(4) 絡みあう糸と糸

　横に縦にと，ベトナム語の多様性や奥深さを見てきました。ここでは，横糸や縦糸が絡まって生じるエピソードを通じて，ベトナム語のコミュニケーションを考えます。

Xin cho tôi một đĩa chả giò.　揚げ春巻きを一皿ください。　DL 82

　ベトナム料理いろいろあれど，これを食べなければ始まりません。chả giò が「揚げ春巻き」ですが，北部では nem rán と言います。では，ハノイのレストランで chả giò が通じないのかといえば，やはり通じます。

Xin cho tôi một đĩa nem rán.　揚げ春巻きを一皿ください。

　もちろん北部方言を使って，このように注文するのもよいでしょう。ただし，料理をよく見れば「chả giò ＝ nem rán」とは言い切れないことに気がつきます。南部ではひとつひとつが小さく，北部で食べる nem rán は大きい春巻きを食べやすいように輪切りにしたものです。「ことばだけが違う」のではない，小さな地域差がありますね。

　食後に何かデザートでも食べましょう。南から北へのベトナム縦断旅行，せっかく旅の途中で覚えた表現ですから，ハノイのレストランでこう聞いてみました。

Ở đây có chè gì?　ここには何「チェー」がありますか。

　店員はさらっと，

Dạ, có chè nhài, chè sen, và chè Lipton.
はい，ジャスミン茶，蓮茶，ティーバッグの紅茶があります。

　なんて答えて，あなたをびっくりさせます。北部方言ではお茶も chè，ベトナム風甘味の「チェー」も chè です。南部ではお茶は trà，甘味は chè ですね。また，氷が入ったお茶は trà đá，細かく砕いた氷が入った冷たいチェーは chè đá と言います。đá は，nước đá の略で「氷」を意味します。nước は「水」，đá そのものは「石」ですから，nước đá で「石状の水」＝「氷」ということです。発想が面白いです。

　では，ハノイで「チェーではなく，お茶」とはっきり注文するのにはどうしたらよいでしょうか。nước に応援を頼みます。

Xin cho tôi nước chè. お茶をください。

これなら間違いなくお茶が出てきます。
お茶を持ってきた店員に Cảm ơn. とお礼を言うと，切れのよい北部方言で，

Không dám. どういたしまして。

と返してくれました。そうそう，「ありがとう」は南部では Cám ơn. と「鋭い声調」
で発音します。
　さて，このシーンは南部なら Không có chi.「どういたしまして」が決まり文
句です。南部方言でも Không dám. をよく使いますが，場面はかなり異なります。
ちょっと見てみましょう。

Long giàu quá ha! ロンさん，お金持っているねー。

　ビアホールでロンが大盤振る舞いしてくれたので，「さすが，お金持ち」とい
う気持ちをこめて言ってみました。giàu は「金持ち，裕福な」を意味します。
ロンは決まり文句を使って，こう答えます。

Không dám đâu! 滅相もない！

　少ない小遣いをやりくりしてご馳走しているのであって，お金があり余ってい
るのではないのですよ，なんてことがこの答えに含まれます。何かヨイショさ
れたとき，過度なお褒めのことばをもらったときに使ってみましょう。文末の
đâu は「否定の強調」ですね。
　このように，地域差という横糸は語が違う，音が違うということ以上に複雑で，
それだけ面白いものです。北部方言と南部方言に優劣をつけるのではなく，どち
らも聞いてわかる，相手に誤解が生じないようにどちらも使える....，この気持ち
こそが絡まった糸を解くコツです。
　ところで，ベトナム語と永くお付き合いするようになると，自分自身のベトナ
ム語に縦糸が紡がれてきます。

Em có khỏe không? 元気ですか。　　　　　　　　　　**DL 83**

　わたしが最初にベトナムへ行った 20 代前半のころは，出会うベトナム人は自
分よりも年上ばかりでした。ベトナム人と話すときの 1 人称は em が多く，ベト
ナム人から呼ばれるときも，やはり em が多かったです。下宿のひとたちに em
で話しかけられ，学校では先生に em で呼ばれ，フォー屋の女主人にも em で呼

ばれました。「em 時代」です。

Anh có rỗi không?　お暇ですか。

　この例文の rỗi は「暇だ」の意味です。同じことを南部では rảnh と言います。
　さて，その後，仕事で出会うベトナム人は，親子ほど年が離れている年長者もわたしを anh で呼んできました。こちらは自分を tôi と言うようになります。また，会ったことのないひとからの電話では ông で呼ばれたこともあります。

Ông có phải là ông Tahara không?　あなたは田原さんですか。

　仕事ですから，こちらも tôi を使って Dạ, tôi là Tahara. と答えます。「tôi 時代」ですね。今は「tôi 時代」真っ盛りです。しかし，仕事で親しくなれば，だんだんプライベートの付き合いが生まれます。役職上の会話では，相手はわたしを anh，自分を tôi で，わたしは相手を ông で，自分は tôi を使って，話を進めます。休日，お宅での食事に招かれて，お酒が入り，話が盛り上がってくると，tôi とか ông のような「よそゆき」のことばは次第に姿を消して，

Cháu ăn đi chứ!　さあ，食べなさいよ。

と，我が子や我が子と同世代の若者を呼ぶときの語 cháu や con が出てきます。こうなれば，こちらも相手を呼ぶときに ông などよそよそしくて使えません。「あなた」には bác を選び，親しみの気持ちをこめて呼びかけます。

Cảm ơn bác ạ.　ありがとうございます。

　また，街に出ても面白い体験をしました。学生時代に通ったフォー屋へ，久しぶりに出かけました。フォー屋の女主人が，こう声をかけてきました。

Lâu quá không gặp chú. Chú mạnh giỏi không?
お久しぶりです。お元気ですか。

　女主人も，わたしも，同じ分だけ年をとったので，年齢差は変わりません。しかし，女主人は，かつてのような em ではなく，chú を使って話しかけてきます。chú は「叔父（父親の弟）」の意味です。こちらも年とったからなのかなあ，白髪も少しあるけれど，せめて anh くらいで呼んでほしいな，と考えたわたしは浅はかでした。chú には，年下の男性を礼儀正しく丁寧に呼ぶ働きがあるのです。フォー屋さんは，昔からのなじみ客が立派に（?）成長して社会人になった，そして食べに帰ってきてくれたから，親しみと丁寧さを併せ持っている chú で呼

んでくれたのです。自分の中に流れた「ベトナム語」の時間が，一筋の縦糸のように感じられました。

もうひとつ。chú の女性バージョンは cô です。

Lâu quá không gặp cô, cô vẫn đẹp như xưa.
お久しぶりです。以前と変わりなく美しいですね。

こんな素晴らしいセリフですから，cô って「叔母」の意味だろうと，勝手にオバさん扱いして失礼ね，なんて怒ってはいけません。相手は，あなたに丁寧に話しかけているのです。笑顔でうなずきましょう。cô は「お嬢さま」「奥さま」の意味で使われることもあります。

逆に，以前も今も，そしてこれから先もずっと em「わたし」を使うのが，自分の先生との会話です。

Em học tiếng Việt với thầy được 20 năm.
わたしは先生とベトナム語の勉強をして 20 年になります。

【được ＋時間】で「流れた時間」「経験した時間」を表わすことができます。今は自分も先生で同業者，だから tôi を使おうとすると，ベトナム人は顔を曇らせます。先生はずっと先生，教え子はずっと教え子なのです。先生を大切にするベトナム社会には「教師の日」（11 月 20 日）があります。

Bác Tahara giúp con được không ạ? 田原さん，わたしを助けてくれますか？

時はさらに流れて，今や bác と呼ばれます。日ごろ交流するベトナム人にとって，わたしは既に「お父さんの兄」，つまり伯父さん世代なのでしょう。

Đừng gọi anh bằng chú 僕をおじさんと呼ばないで

これは，歌謡曲のタイトル。chú「叔父」でもヒットソングになるのに，もはや bác「伯父」。でも，呼ばれかたの変遷は，ベトナム語のお付き合いの歴史そのものかもしれませんね。さまざまな呼ばれかた，わたしには大切な財産です。

「tôi 時代」だからといって，人称の代詞とおさらばということにはなりません。tôi は人間関係無味無臭です。ベトナム語が上達すればするほど，ベトナム人とのコミュニケーションの機会が増えます。「tôi 時代」には，「tôi 空間」と「そうでない空間」があります。いろいろな方言が飛び交うなか，「わたし」や「あなた」を使い分けながら「そうでない空間」のコミュニケーションでやる気や活力を充電して，また「tôi 空間」に戻っていく。ベトナム語の魅力が尽きないはずですね。

(5) ベトナム人にとってのベトナム語，日本人にとってのベトナム語

　ベトナム語を母語とするのか，第2言語とするのか，あるいは外国語として学ぶのか。ベトナム語とのかかわりはひとそれぞれに異なります。ベトナム語を母語とするひとに「ベトナム語の特徴は？」と尋ねると，こんな答えが返ってくることが多いです。

Tiếng Việt phong phú lắm.　ベトナム語はとっても豊かです。　　DL 84

　phong phú〈豊富〉は「豊かだ」の意味です。何が豊かなのかと聞くと，「いろいろな言い回しができるから」と言います。
　たとえば，次のような例です。

Quyển sách này chán lắm.　この本はとってもつまらない。

と言えればいいし，よりベトナム語らしい言いかたを使って，

Quyển sách này đọc chán lắm.　この本はとってもつまらない。

なら，「読む」の đọc があるので「読んでつまらなかった」ということをより明確に表わすことができます。ここまで言えたら，ベトナム語ができると胸を張りましょう。初めのうちは「なるほどね」と納得できればよく，後は使いながら「超」上級を目指して少しずつ腕前を上げていけばいいのです。

Sách siếc gì mà đọc chán quá!　なんていう本なのか，まったくつまらない！

　さあ，もう一段上ってみましょう。
　文の最初の sách siếc という表現に着目です。これは sách「本，書籍」が元になってできた語で，侮蔑，不満の気持ちがこもった「本」の意味になります。「こんな本なんて」とか，「なんという本なのか」という不満を言いたいときに使います。意味がわかったところで，語の構造を見てみましょう。2番目の siếc は語頭の子音が s で，これは sách の s から取ってあります。その後の iếc が，侮蔑や不満の気持ちを担当する部分です。iếc や iệc を使って，語を2音節化する表現方法で，これは名詞だけでなく動詞にも使えます。gì mà の部分も大切です。gì「何」のような不定代詞と mà が結びついて，「ヘンだな」とか「意外だな」という気持ちを表わすことができます。
　また，2音節からなる語で iếc を使う例も見てください。

Thầy giáo thầy giếc mà nghỉ hoài vậy?

なんていう先生なのか，休講ばかりで，まったく！

まずは語の確認。nghỉ は「休む」ですね。次の hoài は【動詞 + hoài】のかたちでその動作が何度も繰り返されることを表わします。休講には補講がつきものですから，自分のスケジュールを乱される学生の不満がにじみ出た文になっています。ポイントはもちろん thầy giáo thầy giếc の部分です。thầy giáo の後半，つまり giáo が「iếc 化」されて giếc になっています。これでルールが見えてきましたね。

ベトナム人は性詞を「iếc 化」して，こんな会話もします。

Vui không? 楽しい？

Vui viếc gì. 楽しいはずないでしょ。

この iếc 化のような表現は，母語話者の口から極めて自然に出てきます。しかし，わたしたち外国人が，たとえば「この本はつまらないなあ」という気持ちをベトナム語で言おうとするとき，iếc を用いた表現が自然に出てくることはなかなかありません。上級レベル，あるいは「超」上級レベルかもしれません。

さて，ベトナム人だってベトナム語について悩むのです。

少数民族のひとたちは，ベトナム語以外の言語を母語としています。その母語の特徴は，やはりベトナム語を使うときにも出てきます。声調がない言語を母語とするひとは，やはりわたしたちと同じように声調の習得に苦労します。

ベトナム語を母語とするひとも問題を抱えています。chính tả「書きとり，正書」です。ベトナム語では，文字のつづりかたは決まっていますが，どういう音を出すのかは方言によって異なりましたね。

*Mì Quãng

南部や中部の街を歩いていると，こんな看板を見かけます。「堂々とした間違い」です。ダナンなどクアンナム地方の名物麺料理 mì Quảng を売るお店に*mì Quãng の表示を出しているところがあり，ハッとさせられます。「クアンナム地方の麺」だから，Quảng Nam のクアンを取って Quảng が正しいです。

この間違いは，クアンナム地方以南では「尋ねる声調」と「倒れる声調」を区別せずにひとつの声調で発音することによるものです。声調の間違いは，街を散歩していると思いのほか多く目にします。間違いはありふれていても，学生は試験答案で間違えれば減点されるし，公式な場面での間違いは自分自身で恥ずかし

い思いをします。

　次の文を見てください。

Nhỏ út mắc dịch.　末っ子が疫病にかかった。

*Nhõ úc mắt vịt.

　ベトナムのある言語学者は，ベトナム人学生に見られるつづりの誤りの一例として下の文を挙げています。字で見るだけではピンと来ませんが，南部方言で発音してみるとこのふたつの文はほぼ同じです。音声データには上の文を北部方言と南部方言の両方で収録していますので，聞き比べてみるといいでしょう。なるほど，南部方言では，上の文を読んでいるのに，下の文を聞いているような気がしますね。

　たとえば，語末の子音のｔやｃの区別はなくなり，語頭の子音ｖは半母音の/j/ で発音されるので，横棒なしのｄと同じ音になります。つまり，「音から入る」と，そして語やつづりに対する知識や理解が甘ければ，ｄで書くのかｖで書くのかよくわからない，すなわち正しいつづりで書くことがかなり難しいことがわかります。

　そこで登場するのがこの本です。

Từ điển chính tả　つづりかた辞典

　牛乳は「倒れる声調」だったかな，とアヤしいときはこの辞書を引きます。間違えやすい声調の使い分け，語頭や語末の子音の使い分けなど，音とつづり字に関する疑問が氷解する優れものです。書店に行くと，いろいろな種類の từ điển chính tả があり，需要が高いことがわかります。ご家庭に一冊，学生はかばんにも一冊，なんてうたい文句で売られているかもしれませんね。

　次は日本人にベトナム語を教えるベトナム人の悩みも見ておきましょうか。教科書の朗読の時間に，先生がこんなふうに嘆いていました。

　「音節ごとに正しい声調で読めるのに，どうして２音節語の発音は間違えるのかしら。なぜ，句や文になると声調を間違えるのかしら」

　先生の悩みは，同時に学習者の悩みでもあります。sài は「下がる声調」で発音できる，gòn も「下がる声調」で正しく発音できる，しかし，Sài Gòn となると，どうしても *Sái Gòn のようになってしまうというのです。あるいは，Sài Gòn が正しく発音できても，đi Sài Gòn と，đi がついた句になると，đi の声調が間違ったり，サイゴンの方が変わってきたりするとの指摘です。また，về Sài Gòn の

ように同じ声調が続くのも苦手なのはどうしてなのか，と逆に質問を受けたこと
もあります。

　日本語の「あめ」は，標準語の場合，「あ」を高く「め」を低く発音すれば「雨」で，
逆に「あ」を低く「め」を高く発音すればキャンディーの「飴」になりますね。「あ」
という音節と「め」という音節のあいだの高低差で「雨」になったり「飴」になっ
たり，です。ベトナム語では，音節の中で音がどのようにふるまうのかがポイン
トになります。đi Sài Gòn の 3 音節では，音節どうしの相対的な違いではなく，
đi ならそれをまっすぐ平坦に，sài や gòn の方はそれぞれしっかりと尻下がり
に発音しなければなりません。

　　Tôi đi Nha Trang.　わたしはニャチャンへ行く。

　　Bà Hằng về nhà.　　ハンさんは帰宅する。

こんな例文を作って練習してみるとよいでしょう。

　わたしたちにとって，音とつづり字の関係はあまり重大な問題ではありません
ね。多くの場合，文字を見て語を覚えていくからです。しかし，音の方は深刻で
す。日本語のクセをしばし忘れてどっぷりベトナム語に浸かってこそ，初級レベ
ルを卒業して，上級，「超」上級へと歩みを進めることができます。

　さて，この「超」ですが，ベトナム語では siêu〈超〉と言い，「すっごい！」
の意味で使います。また，siêu nhân〈超人〉「スーパーマン」や siêu thị〈超市〉
「スーパーマーケット」など，「スーパー」に関係する語をいろいろと生み出して
います。

　語のしくみ，文を作るしくみがかなり見えてきた今，ベトナム人に Nói tiếng
Việt siêu!「ベトナム語，すっごいね」と言わせるための「音の秘訣」が気になっ
てきましたね。これは最後のお楽しみです。

つづり字間違いの修正と「超」修正

　ベトナム人もベトナム語のつづりを間違えることがあります。代表的なものに sữa「ミルク」と sửa「修理する」の声調間違いがあり，これは「倒れる声調」と「尋ねる声調」を同じ声調で発音するクアンナム地方以南のひとびとに共通します。また，南部方言では二重母音も別の音で出すので，音に引っ張られたスペルのミスがあります。

　南部の名物麺料理フーティエウは，正しくは hủ tiếu と書きます。しかし，聞いた感じは「フーティウ」です。日本で発行されたベトナム料理の本やガイドブックにも「フーティウ」と紹介されています。現地でも，この音通りに *hủ tíu と書いてある看板を多く見かけます。そうはいっても，わたしたちが *Tôi ăn hủ tíu và uống sửa tươi.「わたしはフーティエウを食べ，牛乳を飲んだ」と作文すれば，「すっかり南部方言が身について」と褒められることはなく，確実に減点されます。

　では，北部方言のひとは間違えないのでしょうか。北部方言では，たとえば s- と x-，ch- と tr- の音はそれぞれ一緒ですから，同じように音に引っ張られたミスがあります。旧暦の正月テトに欠かせない料理にバインチュンがあります。正しくは bánh chưng です。しかし，音が一緒の *bánh trưng と間違えるひとがいます。kem chống nắng「日焼け止めクリーム」も *kem trống nắng になったりします。

　さて，わたしたち人間は「間違えないようにしよう」としすぎて「間違える」ことがある生きもののようです。街で *sửa chửa xe máy という看板を見ました。sửa を「尋ねる声調」で書こうと意識しすぎて，本来は「倒れる声調」の chữa「直す，治す」まで「尋ねる声調」になってしまいました。まさに「過ぎたるは…」で，このような「直し過ぎ」をベトナム人は siêu〈超〉を使って siêu chỉnh と呼んでいます。chỉnh は「修正する」の意味ですから，「超」修正ということですね。

「メール時代」以前のベトナム語

コラム

　パソコンやスマホが一人一台の現在からみると，神話の世界のような話ですが 1990 年代には携帯電話はもちろん，普通の電話もあまり普及していませんでした。電子メールもない，家庭の電話も少ない時代には，電報が活躍していました。郵便局に出向いて，電報を打つのです。ベトナム語の声調記号や母音字の記号などは電報に使えません。電文は大文字のローマ字，数字のみでメッセージを伝えます。

　記号を使わずに，ローマ字だけを「ベタ打ち」すると，Thủy さんと Thúy さんはどちらも THUY になります。発信者と受信者が相互理解できる事柄なら問題ありませんが，そうでなければ大変です。食肉の商取引で thịt nguội「肉の冷製料理」を注文したつもりが thịt người「人肉」が送られてくる…，もちろん実際にはそんなことはあり得ないのですが，電報でも記号を表記する方法があり，きちんと区別できるようになっています。

NGAYF MAI TOOI RA DDAF NAWNGX TAHARA

　これはホーチミン市からダナンの友人に向けて，「明日，ダナンに行きます」と打った電文です。この電文を見ると（当時の）ベトナム人は Ngày mai tôi ra Đà Nẵng. Tahara と理解できました。「下がる声調」は F，「倒れる声調」は X で表わします。ô は 〇〇 と 〇 の繰り返しですね。d と đ の区別は D と DD，a と ă は A と AW です。ここには出てきませんが ơ は OW，ư は UW，â は AA で表わします。これらは TELEX 方式と呼ばれるもので，パソコン時代の今日では，いくつかあるベトナム語入力の方法で最も普及しているもののひとつです。ちょっと練習してみましょう。

KHOONG COS GIF QUYS HOWN DDOOCJ LAAPJ TUWJ DO

　ホー・チ・ミン主席の有名なことば "Không có gì quý hơn độc lập tự do"「独立と自由ほど尊いものはない」です。声調記号の表わしかたがわかりますね。「尋ねる声調」は R を使います。

　時代は変わり，郵便局での電報がスマホでのやり取りに変わっても，入力方法が「生きながらえている」ことに小さな感動を覚えます。

第3章

ヌオックマムの香るベトナム語

（1）ベトナム語らしさとは何か

　ベトナム語の部品の点検に始まった「旅」は，文を作るしくみや地域差，世代差などのバラエティを見ながら進んできました。ここまでを振り返りながら，ベトナム人の声が聞こえるような，ヌオックマムの香りが漂ってくるような，「ベトナム語らしさ」を一緒に考えてみませんか。

　ベトナム人同士がビジネストークしています。耳を澄ませてみましょう。

Tôi chưa có cơ hội đi công tác ở Nhật Bản.　　DL**85**

わたしはいまだ日本へ仕事に行く機会がありません。

Tôi chưa có dịp đi công tác ở Nhật Bản.

わたしはいまだ日本へ仕事に行く機会がありません。

　発言の内容はほぼ同じです。ベトナム語のふたつの文，そして日本語訳を眺めていると，「機会」を意味するベトナム語はどれだ？という疑問が湧いてきます。cơ hội と dịp が気になりませんか。

　実は，この２語はどちらも「機会」や「チャンス」を意味する語です。相互に置き換えも可能です。cơ hội は漢越語〈機会〉で，dịp の方は純粋なベトナム語です。同じことを表現するのに，漢語由来の cơ hội，純粋ベトナム語の dịp とふたつの選択肢があるのです。

　別の場面では，ちょっと年配の紳士がタクシーの運転手にこう言いました。

Anh đi ra phi trường.　空港に行ってくれ。

　同行の青年は，時計を見ながら尋ねました。

Anh đi ra sân bay.　空港に行ってくれ。

　タクシー車内のこの会話，「空港」を意味するベトナム語がどれだかわかりますか。年配の紳士は phi trường〈飛場〉を使い，青年は sân bay と言っています。これを分解してみると，sân は「庭」，bay は「飛ぶ」で，確かに空港の雰囲気が出ています。「空港」にはふたつの語がありますが，最近は sân bay が圧倒的多くの場面で使われ，年配者や海外在住ベトナム人の発話に phi trường が聞こ

える程度です。どの語を選ぶのかに話し手の，そのひとらしさがにじみ出ています。語の意味や発話の内容は同じでも，漢越語を選んだり，純粋ベトナム語を選んだり…。ベトナム語の面白さが感じられますね。

ポイント！ 語の選択にひと工夫　他人の「選択」にも注目する

今度はベトナム人と外国人の会話に耳をそばだててみました。

Tôi tên là Long. わたしは名前がロンです。
Tên tôi là John. わたしの名前はジョンです。

よく似ているふたつの文。しかし，ベトナム語を母語とするひとが自己紹介するときには上の文を使います。tôi はこの文の主題です。文の冒頭で，まず「わたしと言えば」「わたしについて言えば」と主題を示して，その後に主語や述語からなる題述部があります。下の例文は，所有や所属の「の」を表わす語順ですから，「わたしの名前」という訳になっています。文法的に何の間違いもありません。しかし，たとえば「彼の名前ではなく，わたしの名前が」と強調したいときなどの特別な文脈がなければ，ベトナム人はこう言いません。

Sách này tôi đọc 2 lần. この本をわたしは 2 度読んだ。

さあ，復習です。この文で主題は？　sách này「この本」ですね。「この本について言えば」わたしは 2 度読んだ，と述べる文です。ちなみに，Tôi đọc sách này 2 lần.「わたしはこの本を 2 度読んだ」は「この本を 2 度読んだ」という事実を述べる文ですから，ふたつの文を比較すると，発話がどこに焦点を当てているのか，それぞれ違うのがわかります。主題を前に出した文を自然に作れるようになれば，あなたのベトナム語もかなり「ベトナム語らしく」なってきたと胸を張りましょう。

ポイント！ 話題の中心・主題を文頭に置く

ベトナム語の会話では，話し手・聞き手の双方が理解できれば，主題や主語を含めてどんどん省略して短い文を作ることが可能です。あれ，おもてで雨音がしてきましたよ。

Mưa rồi! 雨だ！

mưa は「雨が降る」の意味で，これ1語の Mưa.「雨が降る」もきちんとした文です。ずっと雨が降りそうな空模様で，いつ雨が降り出すか気になっているときには，

Mưa chưa? 雨，まだ？

と聞きます。これに対して，すでに雨が降り始めていれば初めの例のように Mưa rồi. と答えます。そして，話し手・聞き手の双方が会話のテーマは mưa だとわかっているので，答える方は Rồi. の1語だけでもよいのです。なお，まだ降っていなければ Chưa. ですね。

⟪**ポイント!**⟫ 互いにわかっていることは主語でも述語でも省略できる

次の文でも省略を考えてみましょう。

Hôm qua mẹ tôi gặp mẹ Long ở nhà Kim.
昨日，わたしの母は，キムの家でロンの母に会った。

例文では所属や所有を表わす của「～の」がありません。「省略」というと，省略しない言いかたもあるように聞こえますが，上の例では của がない方がベトナム語らしい表現です。なぜでしょうか。Hôm qua mẹ của tôi gặp mẹ của Long ở nhà của Kim. では của が3回も出てきてしつこい感じがします。しかも，語と語を並べるルールに鑑みて，ほかに解釈の仕様がない，つまり誤解は生じません。

⟪**ポイント!**⟫ 「ない」方がよりベトナム語らしい部品もある

今度は別の視点からベトナム語らしさを見てみます。

Hoa nghỉ rồi. ホアは休みです。

ホアを訪ねるために，彼女が勤めている会社に行くと，守衛にこう言われました。翌日もう一度行くと，またもや Hoa nghỉ rồi!「ホアは休みです！」です。不思議に感じてホアに電話すると，Tôi không còn làm việc nữa.「わたしはもう働いていない」ですって！ nghỉ は「休む」と習い，そう覚えます。しかし，nghỉ には「しばしの間休止する」と「今やっている仕事や業務を辞める，継続しない」のふたつの意味があります。基本的な語でも，きちんと辞書を引いて，

いろいろな意味や用例に当たっておかないと，ベトナム語らしさは味わえません。

Tôi ăn súp cua và canh khổ qua. わたしは蟹スープとゴーヤースープを食べた。

食べものの例文は楽しいですね。súp は食事の最初に出てくるスープ，canh はご飯と一緒に食べる汁ものです。ご飯にかけて食べるひともいます。日本語では同じ「スープ」でも，ベトナム語では違います。そうそう，スープは uống「飲む」ではなく ăn súp の方がベトナム語らしいですね。こういう点にも気を付けたいものです。

また，語の意味だけではわからない，呼応表現や決まった言い回しもあります。

Rau nào sâu nấy. この野菜にこの虫あり。(蓼食う虫も好きずき)

すでに見てきましたが，X nào Y nấy（または đó）は決まったパターンで，ベトナム人の会話によく出てきます。rau は「野菜」，sâu は「虫」です。父親も飲兵衛，息子のロンも飲兵衛なら，このかたちを使って Cha nào con nấy.「この父にしてこの子あり」と茶化したり，皮肉を言ったりします。

Tôi thích học tiếng Việt nói chung, thích học với thầy Huệ nói riêng.
わたしはベトナム語の勉強全般が好きで，特にフエ先生と勉強するのが好きだ。

nói chung は「一般論として」「全般的に」，nói riêng は「特に，個別に」の意味です。一般と個別，抽象と具体のコントラストを作って話すのはベトナム人らしい会話で，聞いてわかるように，そして自分でも使えるようになりたいものです。

こうやって見ると，「ベトナム語らしさ」には語の選択，文の作りかた，自然な省略，決まった言い回しの4要素が絡んでいるようです。これから4要素をじっくり見ていき，ヌオックマムの香りが漂うような「ベトナム語らしいベトナム語」にぐっと接近してみましょう。

(2) 語レベルで感じるヌオックマムの香り

ずっと以前に，ベトナムのある高名な音楽家の自宅に遊びに来た日本人が，裏庭で飼育されている豚を見て，こう尋ねたそうです。

*Con lợn này là con lợn nam hay con lợn nữ?
この豚は男の豚ですか，女の豚ですか。

nam と nữ は人間の「男」「女」です。ベトナム入国書類の性別欄からトイレの入り口の看板まで，ベトナム旅行中にずっと目にする語です。しかし，「人間専用」で，動物には使いません。この音楽家のご子息には「ベトナム語には，動物の雌雄を区別する語が別にあることを本に書いておいてほしい」と頼まれました。動物のオスは đực，メスは cái で表わします。オスの豚は lợn đực，メスの豚は lợn cái と呼びます。上の文を，正しくは Con lợn này là con lợn đực hay con lợn cái? と言います。

なお，「豚」は lợn，中部や南部では heo です。生きている豚なら con lợn（または con heo），豚肉ならば「肉」を意味する thịt を使い，thịt lợn，thịt heo ですね。

文のしくみがわかると，「言ってみたいこと」がどんどん増えてきます。ここでは，語の選びかたのちょっとした工夫によって，「自然な」ベトナム語を身につけましょう。

ベトナム人の家庭に招かれて食卓を囲むと，こんな声がかかります。

Xin mời. Cứ ăn tự nhiên nhé!　どうぞ。ご遠慮なく食べて。　🔵**DL 86**

最初の xin mời は招待・お招きの「どうぞ」で，とても便利な表現です。次の【cứ ＋ 動詞】は「どんな条件でも必ず〜する」を意味する決まったパターンです。ここでの動詞は ăn「食べる」です。さて，tự nhiên〈自然〉が問題です。「自然に，ありのままに」の意味で使われることが多いです。文末の nhé は日本語の「ね」と同じで，親しみの気持ちを表わします。

Chị ấy nói tiếng Việt rất tự nhiên.　彼女はとても自然なベトナム語を話す。

ベトナム語らしい，自然なベトナム語を話す，こんなふうに言われたいものですね。

次も「自然」にまつわる文です。

Chúng ta sống hài hòa với thiên nhiên. 我々は自然と調和して生きよう。

自然環境などを語るときの「自然」は thiên nhiên〈天然〉です。tự nhiên ではないところがポイント！ このあたりがうまく使い分けられると、ベトナム人も安心して付き合ってくれます。なお、sống は「生きる、住む、暮らす」でよく使う語です。また、hài hòa「調和する、協調する」も覚えておきましょう。

自然の次は「環境」も考えてみます。

Anh ấy hoàn cảnh khó khăn lắm. 彼はとても困難な境遇にある。

hoàn cảnh〈環境〉は「境遇、生活状態」の意味で、環境問題の「環境」ではありません。khó khăn は「困難」や「困難な」の意味です。念のために「環境」の例をあげておきましょう。

Chúng ta bảo vệ môi trường! 環境を守ろう！

ここで出てくる môi trường が「環境」です。ベトナムでも深刻な「環境問題」、ベトナム語では vấn đề môi trường と言います。

さて、ベトナム語の上手な使い分けを考えていると、ロンがこちらに歩いてきました。顔色が悪いですね。

Tôi bị kỷ luật rồi. 処分を受けたよ。　　DL 87

飲み過ぎか遅刻常習で叱られたのでしょうか。kỷ luật〈規律〉も（なぜか）よく目にするベトナム語。kỷ luật は「集団内で守られるべきルール、規範」という名詞で、さらに「そのルールや規範を犯した人を処分する」という動詞でもあります。会社内や組織内でのルール、そして懲戒処分は kỷ luật を使います。例文は bị があるので「よくない目にあう」受動です。

今度はキムが青白い表情でやってきました。

Tôi bị phạt 2 triệu đồng. 200万ドン、罰金とられちゃった。

交通違反ですか。phạt は「罰する、処罰する」の意味です。法による処罰は kỷ luật ではなく、phạt を使います。新聞の見出しにもよく出てきます。自分には使いたくない語です。

次は、法律には関係ない phạt を見てみます。

親しい友達と飲みに行き、Một hai ba dzô!「乾杯！」のタイミングを逸したり、飲み方が不十分だと大変です。コップにビールをぐっと注がれ、Phạt anh đấy!

「あなたを処罰します」と言われてしまいます。処罰というよりは「お仕置き」ですね。

　ベトナムの映画やドラマを見ていると，浮気が恋人にばれてこのセリフとともに高価な装飾品を買わせられている男が出てきます。自業自得とはいえ，これもツライ「お仕置き」です。

　ここまでの例を振り返ってみましょう。

　ベトナム語を勉強していくと頻繁に出会う語にも注意すべき点がありましたね。

　漢越語を覚えるときに漢字の知識が役立ちますが，しかしベトナム語と日本語は別の言語です。やはり丁寧に見ていくことが重要です。それから，動詞なのか，名詞なのか，品詞にも気を付けます。

　「注意しよう」ばかりではいやになるので，ベトナム語のことば遊びにも親しんで，表現を豊かにしましょうか。

　ロンとキムがヒソヒソ話しています。話の内容を教えてくれません。こちらを見ながら，キムがこう言っています。

Bí mật! 　秘密っ！

　bí mật〈秘密〉は「秘密，秘密の」を意味する語です。どんな内緒話なのか，知りたいですよね。そんなときにはこのセリフです。ロンの口を開かせましょう。

Long bật mí cho tôi biết! 　ロン，わたしに秘密を打ち明けて！

　「秘密を打ち明ける」は bật mí です。ここで，bí mật と bật mí を見比べてほしいのです。一瞬見紛うほどに似ていますね。bí mật は 2 音節。それぞれの音節の頭子音とそれ以外の部分を入れ替えて bật mí という語を「作り上げた」のです。これは，nói lái と呼ばれる「ことば遊び」の一種ですが，bật mí はすでに辞書にも取り上げられた語で，正式に市民権を得ていますね。さらに bật には「スイッチをオンにする」という意味もあり，bật mí は考えれば考えるほど実によくできています。

　上の例文は Long cho tôi biết bí mật. よりもぐっとベトナム語らしい表現です。さあ，あなたは誰の秘密を聞き出しますか？

ポイント!　語を構成する音の部品を入れ替えて「遊んで」みる

　さて，ふと見ると，フエ先生が靴を脱ごうとしているので，何気なくこう言ってみました。

Thầy giáo tháo giầy.　先生は靴を脱ぎます。

先生は手を止めて，満面の笑みです。Em nói tiếng Việt giỏi quá!「君はベトナム語がとても上手ですね」なんて褒めてくれます。なぜでしょうか。thầy giáo「男の先生」，tháo「履物を脱ぐ」，giầy「靴」…。「見たまんま」を言っただけなのですが。

ポイントは thầy giáo と tháo giầy の関係です。よく見てみると，それぞれ áo と ầy が入れ替わっていますね。きれいな nói lái になっているのです。語の意味がわかるだけではなく，語を構成する音の成分がわかっていてこそできる遊びです。実は，この文はことば遊びの有名な例文で，ベトナム人はよく知っています。あなたも，先生が靴を脱ぐ瞬間に出くわしたら必ず言いましょう！　でも，男の先生だけですよ。女の先生は cô giáo ですから，nói lái になりません…。

いよいよ上級編です。ベトナムでの学生時代のことです。物事を頼むと，やたらにこう言ってくるひとがいました。

Thủ tục đầu tiên!　最初の手続き！

thủ tục〈手続〉は「手続き」で，đầu tiên は「最初，初めて」の意味，しかし文の意味がよくわからないわたしには「最初の手続きって何？」でした。そこで，友人が謎解きしてくれました。「đầu tiên の nói lái を考えてごらん」ということでした。読者のみなさんもご一緒にどうぞ。

Tiền đâu?　お金，どこ？

ですね。つまり，「頼みごとなら最初にお金！」の意味です。

ついついわからないフリをしてしまう，nói lái の例でした。

(3) 語の，いろいろな香り

ベトナム語の語を見てみると，特徴によっていくつかのグループに分かれることに気がつきます。

Tôi đi công tác ở Nhật Bản. わたしは日本に仕事に行く。 DL 88

たとえば，例文に出てくる語では tôi や đi は（A）純粋なベトナム語でしか言えないことです。ベトナム語でしか表わせない，とは次の công tác と比較してみるとわかります。công tác は漢越語の〈工作〉で「仕事する」の意味です。類似の語には làm việc があり，これは純粋なベトナム語なので，（B）漢越語であり，純粋なベトナム語でも表現できるということです。しかし（A）の語は漢越語で言い換えできません。

Nhật Bản〈日本〉は（C）漢越語でしか言えません。さらに，ga「駅」はフランス語由来ですし，最近は internet や blog のように英語がそのままベトナム語に入ってきているので，（D）漢越語以外の外来語もあり，実にさまざまな香りが漂っています。

ここでは，（A）と（B）のグループをもう少し掘り下げてみましょう。次のふたつの例文を見てください。

Tôi thường đọc báo Nhân dân. わたしはいつもニャンザン新聞を読む。
Long cũng là độc giả báo Nhân dân. ロンもニャンザン新聞の読者だ。

đọc は「読む」という動詞です。下の例文で「読者」に相当するベトナム語を探すと độc giả がありますね，これが漢越語の〈読者〉です。「読む」の đọc は，漢語由来の độc〈読〉がベトナム語化したのです。このように，（A）グループの語には，もともとは漢語だったものがベトナム語になり，定着したものもあります。

さて，（B）グループもいろいろ味わってみませんか。

Long làm việc tại đây 5 năm. ロンはここで5年仕事をした。

この文の làm việc を công tác で言い換えることができるか実験してみます。

Long công tác tại đây 5 năm. ロンはここで5年仕事をした。

実は微妙な差があります。これは công tác という語が持つ意味が，単に「仕

事する」ではないことによります。主に国家や団体，機関などで執務することを công tác と言います。〈公〉は漢越語で công と読みます。「公益性」がある仕事ですね。ただ，最近では民間企業での仕事も công tác ということが多く，「おおやけ」の意味合いは徐々に薄れてきました。

Kim đi công tác ở Hà Nội.　キムはハノイへ出張に行く。

công tác には「普段とは違う場所で一定期間仕事する」という第2の意味があります。đi công tác「出張する，出張に行く」はビジネスマンには重要な表現ですね。

このように，純粋ベトナム語と漢越語に類似の表現があっても，意味は微妙に異なるケースがあって面白く，しかし使い分けには注意が必要です。

（B）グループには，cơ hội〈機会〉と dip「機会」のように相互置き換えが可能なものがある一方で，phi trường と sân bay のように意味は同じでも「使いかた」「使われかた」に差があるものもあります。もう一度見ておきます。

Anh đi ra phi trường.　空港に行ってくれ。

phi trường〈飛場〉は「空港」です。しかし，現在のベトナム語では sân bay の方が一般的です。漢越語の方は「昔の言いかた」，「古い」という印象を与えます。以前に漢越語を純粋ベトナム語に置き換える運動がありました。辞書にはご丁寧に [cū]，つまり「古」と書いてあります。統一以前の南ベトナムで使われていた語です。今この語を使うのは「その時代（＝統一以前）のベトナム語を話す世代」でかつ「その時代のベトナム語が定着したまま」のひとです。統一前後にベトナムを出国して国外に暮らすひと，あるいは古い言いかたを特に好むひとということになります。

Xin ông cho biết tên.　名前を教えてください。

相手の名前を尋ねるときには，これが普通の表現です。「あなた」ông の部分は相手に応じて変える，これはもうできますね。

Xin ông cho biết quý danh.　ご尊名を教えてください。

こちらはとても礼儀正しい言いかたです。格調や品位は quý danh〈貴名〉という語が醸し出しています。相手の名前を尋ねたり，呼んだりするときに使う丁寧語です。漢字が読み書きできるベトナム人は極めて少ないですが，多くのベトナム人にとって danh〈名〉はベトナム語の tên「名前」のことだとわかるのです。

日ごろは tên を使い，改まったシーンでは quý danh を選ぶ，そういう使い分けをしています。

相手への敬意をこめて使うので，自己紹介するときに *Quý danh của tôi là …「わたしの尊名は…です」なんて言わないようにしましょうね。

さて，danh の意味は tên ですが，相互で置き換え可能ではない例も見てみます。

Anh ký tên ở đây. Rồi, anh ghi tên ở dưới.

ここに署名してください。そして，下に名前を書いてください。

ký tên は「署名する，サインする」，ghi tên の方は「名前を書く」です。*ký danh とは言いませんし，ghi danh はありますが，意味が異なります。

Nơi ghi danh　申し込み場所

街を歩いていると，こんな看板を目にします。英語学校の前，何かの抽選会場…。あちこちにあります。nơi は「場所」です。ghi は「記す」の意味で，この看板は「名前を記す場所」，つまり「申し込み場所」を意味しています。ここで名前を記して申し込むということです。

nơi ghi danh の看板をやり過ごして進むと，屋台街からいい匂いがしてきます。

Phố ẩm thực　「飲み食い通り」「飲食街」

と書いてあります。phố は「通り」の意味で，ẩm thực は〈飲食〉です。おいしい料理が楽しめる通りなのですね。さて，純粋ベトナム語にも ăn uống「飲食する」という動詞があります。だから，phố ăn uống でもよさそうなものですが，やはり phố ẩm thực の方が「いい響き」がして好まれます。その理由をベトナム人に尋ねると，漢越語で言うと「よそいき」な感じ，「規模が大きそう」な感じがするからという返事がきました。

Hôm nay tôi chưa ăn uống gì.　わたしは，今日まだ何も口にしていない。

いくら「いい響き」でも，日常的な「飲食」では ẩm thực は使いません。この文を *Tôi chưa ẩm thực gì. とすれば，ベトナム人にはかなり「不思議なひと」と思われます。

純粋ベトナム語と漢越語の違いについて，ベトナム人に聞いてみました。

純粋ベトナム語で表現できることを，わざわざ漢越語で言うと「荘厳な感じ」「大袈裟に言っている感じ」「洒落ていっている感じ」を持つようです。逆に，純粋ベトナム語で言っても「お洒落じゃない」とか「幼稚な感じ」は特にありませ

ん。このあたりは日本語の中の漢語と大和ことばの関係と比較してみると面白そうです。

 ## 意味が異なる漢越語

　日本語の漢語と漢越語，意味や用法が異なる語に注意しましょう。代表的な例をいくつかあげておきます。

・「工場」と công trường〈工場〉

　công trường は「工事現場」です。日本語の「工場」は，ベトナム語では nhà máy と言います。「ビール工場」なら nhà máy bia です。

・「表情」と biểu tình〈表情〉

　biểu tình は「デモをする」という動詞です。表情について言うときには「顔」を意味する mặt を使って，たとえば mặt lạnh「冷たい表情」のようにします。

・「民間」と dân gian〈民間〉

　dân gian は，日本語では「民衆」とか「大衆」です。また「大衆によって創造され，広く伝わっている」ことを示す性詞でもあり，văn học dân gian なら「伝承文学」です。民間企業の「民間」は tư nhân〈私人〉で，「民間企業」なら công ty tư nhân が正しい訳語です。

　ベトナム語の面白さを，中国語をはじめとする諸言語との「ハイブリッド」であることだと指摘する意見には，語の多様性に触れただけでも同感できますね。

語の香りを味わったあとは文や文章で感じる「ベトナム語らしさ」です。

DL 89

Phở gà ở đây ngon mà rẻ. ここの鶏肉入りフォーはおいしいうえに安い。

手はじめにこの例文をもとにして，文レベルでヌオックマムの香りを感じてみましょう。食べものが「おいしく」しかも「安い」と言うとき，mà を使って「おいしいうえに安い」と表現します。次の文と比べてみてください。

Phở gà ở đây ngon và rẻ. ここの鶏肉入りフォーはおいしくて安い。

「おいしくて安い」という事実を述べるのなら下の文でもいいですが，実際に自分が食べた印象を他人に伝えるとき，または相手にも勧めたいなら，上の方がより「気持ちが入っている」感じがします。【性詞 1 + mà + 性詞 2】のかたちは，単にふたつの性詞を並列したのではなく，「ある側面からみれば 1 であり，また別の側面からみれば 2 である」と補足したり，複眼的に述べたりでき，聞き手に対してより説得力を持ちます。

この文のように性詞がふたつ出てくるときには，例文のほかに次の表現も使えます。

Phở gà ở đây vừa ngon vừa rẻ.

ここの鶏肉入りフォーはおいしくて安い。

> **ポイント！**　【vừa + 性詞 + vừa + 性詞】で性質を並べる

【vừa + 性詞 1 + vừa + 性詞 2】で性詞を並べるしくみが見抜けましたか。vừa は便利な語で，性質や状態を並べるだけではなく，動作を並べることもできるのです。

Long vừa học tiếng Nhật vừa nghe nhạc.

ロンは音楽を聞きながら日本語を勉強する。

nghe nhạc「音楽を聞く」はいわゆる「ながら」の動作です。メインの「日本語を勉強する」を先に出すことがポイントです。

こんな表現もよく耳にします。

Anh ấy càng uống càng vui.　彼は飲むほどに陽気になる。

こうありたいものですね。càng の使いかたに親しみましょう。【càng A càng B】のかたちで，Aが増減するとBもそれに合わせて増減することを表わします。例文には，A（飲む）につれてどんどんB（陽気さ）も増加していく様子が出ています。

Cô giáo càng ngày càng đẹp.　先生は日ごとにきれいになる。

Aのところに ngày「日」があれば，【càng ngày càng B】で「日ごとにどんどんBになる」で，決まった言い回しです。冬から春に向かうなら，性詞の ấm「暖かい」を使って，Trời càng ngày càng ấm.「（天気は）日ごとに暖かくなる」と言ってみましょう。

ここで復習を兼ねて，表現を一層ベトナム語らしくする練習です。

Cô giáo càng ngày càng đẹp ra.　先生は日ごとにきれいになっている。

文末の ra に見覚えありますか。性質や状態が拡大，発展することを表わす ra です。こちらの文の方が「どんどん美しくなっている」実感が伴っていて，よりリアルな表現です。喜んだ先生は，きっとこのように褒めてくれるでしょう。

Em nói tiếng Việt càng ngày càng giỏi lên.
君のベトナム語は日ごとに上達している。

giỏi は「上手だ，勉強がよくできる」などの意味でしたね。ここでも文末の lên「上る，上がる」が「性質・状態の増加や上昇」を表わすので，日を追ってメキメキと上達している様子が伝わります。方向動詞を上手に使って，よりリアルな「増減表現」を使ってみたいですね。

なお，càng を使った決まり文句として Càng nhiều càng tốt.「多いほどいい」も知っておくべきですね。お金もビールも！　そうでしょう。

さて，会話には自分が話すばかりではなく，「○○さんがこう言っていたんだけど」ということもありますね。そんな伝聞の表現も見ておきましょう。

Hoa nói:"Ăn phở ở đó ngon quá!"
ホアは「そこのフォーはとってもおいしい」と言った。

nói は「話す，いう」の意味で，「:」や引用符" "の使いかたは英語と同じです。

"　"の中には，実際にホアが話したことを入れます。「直接話法」と呼ばれるものです。

次の例を見てください。

Hoa nói rằng ăn phở ở đó rất ngon.

ホアは，そこのフォーはとてもおいしいと言った。

こちらは "　" がありません。その代わりに，rằng が出てきました。この rằng は nói のほかに，nghe「聞く」，tin「信じる」，biết「知る」，thấy「感じる」，nghĩ「考える」のような知覚や感覚に関連する動詞について，その知覚・感覚の内容を説明する節を導きます。また，rằng 以下の節は，ホアが実際に言ったセリフそのものではなく，その意味を変えない範囲で別の表現になる場合があります。たとえば，性詞 + quá は自分自身の感嘆でのみ使うので，この例のように間接話法の文では rất +性詞を用いて，叙述のかたちに変えます。

rằng +節は là +節でも表わすことができます。

Kim nói là mình không biết.　キムは，自分は知らないと言った。

具体的にキムがどういうことばを発したのかは定かではありませんが，とにかく否定したのです。là は節だけでなく，語や句だけでも使えますが，rằng の後は節です。

Long thấy rằng mình làm được.　ロンは，自分はできると感じた。
Long thấy là được.　ロンは可能だと感じた。

しかし，*Long thấy rằng được. は不可能です。

さて，mình はなかなか「多芸」で面白い語，ちょっと見ておきましょうか。上の例では mình は「自分自身」の意味，したがって mình = Long です。

ホアが買いものに行くようです。そこにロンが声をかけました。

Hoa ơi! Mình cũng đi mà.　ホア！　ぼくも行くのに！

親しい間柄では，「わたし」を意味する語として mình が使われます。日本語の「あたし」とか「ぼく」のような語です。mình は 1 人称，つまり mình = Long です。なお，目上のひとを相手にした会話や公式な場面では使いません。

次はロンが妻に話しかけています。

Mình đi cẩn thận nhé.　気を付けていってらっしゃい。

恋人同士，あるいは夫婦間では，なんと mình は「あなた」，2 人称なのです。ベトナム語の奥深さを実感してしまう語ですね。

　あなたに親しい知人や恋人がいなくても mình を使うことができますので，ご安心ください。

Tôi đi ăn phở một mình.　わたしはひとりでフォーを食べに行く。

　một mình は「ひとり，独りぼっち」の意味です。ちなみに辞書には「自分の傍らに他人が居ないこと」と書いてあります。ああ無情，辞書って冷酷なのですね。

　最後に，ベトナム人がよく使う伝聞表現を一例見ておきましょう。

Người ta nói là thầy Huệ giỏi tiếng Nhật.　フエ先生は日本語が上手らしい。

　người ta がポイントです。特定の人物ではない「誰か」とか「ひと」です。直訳すれば「ひとが言うには，フエ先生は〜」です。特定ではないことを生かして，不確かなことや嫌味を言うときにも使います。また，自分自身に使うこともできます。

Người ta đi ăn phở một mình đấy!

わたし，独りぼっちでフォーを食べに行ったのよ！

　きっと一緒に食べに行こうと約束した相手にすっぽかされたのでしょう。

　語の選びかた，文の作りかた...，だいぶ「ベトナム語らしさ」がわかってきましたね。

(5) ベトナム人が大好きな, 決まった言い回し

　どんな言語にも決まった言い回しがあり, いくつかを一緒に見てきました。ここでは, 「この瞬間, ベトナム人ならこう言う」セリフ, まさに手あかのついた決まり文句を先取りしましょう。まずは, 便利な相づちの表現から。

Thế à? そうですか。　　　　　　　　　　　　　　　　　　　　　　　　**DL 90**

　まずはこのひとこと。ベトナム語会話の定番です。「なるほど」と言いたいシーンでもよし, 「そうなの？」と意外性を表わしたいときにも使えるフレーズです。

　わたしは, ベトナム語の地域差がよくわからないころ, 南部で Thế à? と言うたびに友人に笑われました。南部では Vậy hả? を用います。「そうなの？」の場合では hả を強調して, やや長めに発音すると, ニュアンスがうまく伝わります。

　さて, ロンが日本語を熱心に勉強しているのは Vì Long có bạn gái người Nhật. 「ロンは日本人のガールフレンドがいるから」と聞いたら, 次の文がぴったりです。

Thảo nào! どうりでね, なるほどね。

　これも「使える」文ですね。同じ意味の Hèn chi! を, chi をやや長めに, そして軽く発音しても「なるほどね〜」になります。なお, bạn gái は「ガールフレンド」の意味です。ボーイフレンドの方は, gái「女の子」とペアになる語の trai「男の子」を使って, bạn trai と言います。語の意味や文のしくみがわかっても会話はちょっと, というひとは, このような会話に便利な部品を知っておくといいでしょう

　今度は, お酒にまつわるベトナム語です。お酒が入るとベトナム語がいつもより流暢に出てくる, あるいはついつい大きなことを言ってしまう, そんな時にはこの文です。

Rượu nói. 酒が話した。

　自分ではなく, お酒が話していることだ, という意味です。自分自身の弁解にも使えるし, 口が滑った相手への警告として, Rượu nói hay anh nói?「酒が話しているの？　それともあなたが？」のようなかたちでも使えます。なお, 飲みものがビールの場合でも rượu「酒, アルコール飲料全般」を使います。

　次の文はお酒が入ると饒舌になることを vào「入る」と ra「出る」で言い当てた,

「酒席の定番」のひとことです。

Rượu vào lời ra.　酒が入り，ことばが出る。

出てくる「ことば」lời の方ですが，酒の席ですからいい加減なこと，でたらめなことなどを揶揄するニュアンスを持ちます。したがって，上司が新しいビジネスの計画を饒舌に語っているときの相づちにはなりません。もっとも，そういう席のお酒はおいしくないものと決まっていますね。

頭の働きもだんだん冴えてくるようで，こんな表現をするのも飲兵衛ならでは。

Rượu ngon chẳng nệ be sành.　美酒は徳利を選ばず。

chẳng は強い打ち消しの語ですね。nệ は「固執する」の意味，be sành は陶磁器の徳利で，「大切なのは中身だ，外見ではない」という本質を突く決まり文句です。

飲むといえば，この言い回しも忘れることはできません。

Uống nước nhớ nguồn.　水を飲み，水源を思う。

恩義について諭した一文です。先人の英知への恩を忘れないこと，祖国統一のために身を捧げた戦士に感謝すること，いろいろな場面にこの文が登場しては，わたしたちを戒めるのです。

すっかり酔いが醒めてお勘定。ベトナム語では Tính tiền!「お金を計算して」と言います。飲み過ぎでお金がすっからかんになったら，すでに見ましたが，この言い回しで嘆きましょう。

Cánh đâu mà bay.　翼がないのに飛んでいった。

cánh は「翼」です。đâu は疑問の「何」ですが，ほかに強い否定の働きも持ちます。ここでは「どこにもない」の意味です。mà は逆接の「しかし，でも」です。bay は「飛ぶ」の意味ですね。この文は，置いておいたものを取られたとき，気付かないうちにスリの被害にあっていたときにも使います。この言い回しが役立たないことをお祈りします。

さて，お金といえば労働者の「汗と涙の結晶」です。

Đây là tiền mồ hôi nước mắt của tôi.　これはわたしの汗と涙のお金だ。

mồ hôi は「汗」，nước mắt は「涙」ですから，日本語と同じ表現です。ちなみに nước mắt は nước「水」と mắt「目」で成り立つ語で，興味深いですね。

今度は「あきらめ」「お手上げ」編です。母語話者を相手に，ベトナム語で言い争いをしても勝ち目はありません。このセリフでさっさと切り上げて，おいしいものを食べに行きましょう。

Tôi hết ý kiến rồi.　これ以上，言うことはありません。　DL91

hết は「終わる，なくなる」，ý kiến〈意見〉は「意見」の意味です。日本語にも似た表現がありますね。実は，答えにくいことを聞かれたときにもこの言い回しでお茶を濁すことができて便利なのです。

また，「負けました」「恐れ入りました」なら，次の３つです。ベトナム人に「一気飲み」攻勢をかけられたら使いましょう。明日も仕事があるのですから。

Chịu thua.　負けました。
Đầu hàng.　降参します。
Bó tay.　お手上げです。

chịu は「我慢する，責を負う」で，thua は「負ける」の意味です。Đầu hàng. は「降参する」です。bó tay もよく使う表現で，bó は「縛る」，tay は「手」を意味しますから，手を縛られてどうにもならない状態です。

悩みごとで髪にも白いものが…。そんなとき，ベトナム語ではこう表わします。

tóc muối tiêu　塩コショウ頭

tóc は「髪」です。日本語なら「ゴマ塩頭」ですね。muối は「塩」，tiêu は「コショウ」です。ベトナムで海鮮料理を食べると，小皿に muối tiêu，つまり塩とコショウを合わせた調味料が出てきます。ここに chanh「ライム」を絞れば muối tiêu chanh です。柑橘の香りがよく，食欲が湧きますね。肝心の頭の方ですが，まだ黒髪が多ければ tóc muối tiêu ít muối「塩少なめの塩コショウ頭」，白髪が多いなら tóc muối tiêu nhiều muối「塩多め」になります。もちろん，髪の話題には chanh は出てきません。

さて，偶然に入ったレストランの箸袋にこんなことが書いてありました。

Khách hàng là thượng đế.　お客様は神様です。

khách hàng は「顧客」，thượng đế は「神」を意味する語です。文意はわかりますね。

日本でも定番の言い回しです。là を使う文の復習に最適ですね。しかし，このレストラン，味はひどく，サービスも最悪。こころざしだけが立派な店でした。

自分の日ごろの行ないが悪いからでしょうか。

Ở hiền gặp lành.　よく生きていれば，よいことに出会う。

　これもよく使う表現です。「他人への親切は自分に返ってくる」とか，「日ごろの行ないがいいから，いい目にあう」の意味で用います。hiền は「穏やかに」，lành は「幸福な，幸運な」を表わします。

　「決まった言い回し」，最後はどうしてもこの文になってしまいます。ベトナム滞在中に，友人知人とベトナム語で会話するとき，あなたが日本人，ことに男性なら，きっとこう言ってくるでしょう。

Ăn cơm Tàu, ở nhà Tây, lấy vợ Nhật.
中華料理を食べ，洋風のビラに住み，日本人の奥さんと結婚する。

　ベトナム人男性の「3大幸福」だそうです。タクシーの運転手との会話，友人宅での夕食の席，ベトナムの要人との会話など，いろんな場面で聞きました。Tàu は中国を意味する語ですが，使う場面は限られています。Tây〈西〉は西洋の意味，特にフランスを指す場合もあります。lấy vợ は「妻をめとる」です。lấy が「取る」や「結婚する」の意味です。なお，女性が主語なら lấy chồng「夫と結婚する」です。

　ベトナム人が "Ăn cơm Tàu" と言い始めたら，あとのふたつを先取りしてみてくださいね。感想を求められたとき，この文に同意するなら Tôi đồng ý.「同意します」で，奥様がとなりにいらっしゃるなら，さっき出てきたばかりの ý kiến を使って, Tôi không có ý kiến.「特に意見はありません」で逃げ切りましょう。

　決まった言い回しには，ベトナム人の考えかたや価値観，ユーモアのセンスがにじみ出ていますね。このような表現にもヌオックマムの香り，つまり「ベトナム語らしさ」を感じ取ることができるようになれば，もはやベトナム語の虜になっていますね。

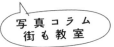
一昼干し

　海辺のリゾート，Mũi Né「ムイネー」からの帰り道，不思議な看板を見かけました。

　どこかで見覚えがあるような，でも少し変なようなイラスト。mựcの文字を見て，「イカだ！」と声をあげてしまいました。日本とは書きかたが逆です。日本では「ゲソ」という足の部分は，ベトナム語ではrâu mực「イカのひげ」と呼びます。

　1 nắng は何でしょう。nắng は「日差しが強い」とか「直射日光，日差し」「日中」の意味です。日本語では「一夜干し」と「夜」で数えますが，ベトナムでは「一昼干し」ということですね。柔らかく，味わいがよい「一昼干し」はおつまみに最高です。

　さて，後日。ホーチミン市のレストランで，メニューに mực một nắng と mực hai nắng があるのを発見しました。店員に尋ねると，Mực hai nắng khô hơn.「二昼干しの方が乾いている」とのお答え。スルメほどではないけれど，một nắng よりも長く干して乾かしてあるということでしょう。わたしは một nắng の方が好きです。

　下の tôm khô は「干しエビ」。mực khô はもちろん「スルメ」です。

貸してください

　路地裏の屋台で昼食を済ませたあとに，向かいの住宅を見ると，こんな紙が貼ってありました。"cho thuê căn hộ"「家を貸します」と書いてあります。căn hộ は「一軒家」の意味です。字数を節約するために liên hệ「連絡する」は L.HỆ と，Chị（または Cô）Bích「ビックさん」は C.BÍCH と短縮されています。09 で始まる数字はビックさんの携帯電話番号です。個人情報保護の観点から，一部を修正してあります！

　そうそう，ベトナム語では「貸す」をひとことで表わせないのです。cho は「～させる」を意味する使役の部品で，次の thuê は「借りる」です。お金を払って借りるときに使う語です。「貸す」を表わす語がないので，cho を使って cho thuê「借りさせる」と表現するのです。

　さて，「借りる」もチェックしておきましょう。

　お金を払って不動産，車，本などのモノを借りるなら thuê，親しい間柄のひとにちょっとの間だけモノを借りるなら mượn を使います。たとえば，手元にペンがないからちょっと借りるときは mượn です。「貸して」と言いたいなら，使役の cho を使って「借りさせて」のかたちにして "Cho tôi mượn bút bi."「ボールペンを貸してください」と言います。

　使役でしか言えない「貸して」のお話でした。

第4章

ベトナム語の響き

(1)広く，狭く，丸めて，丸めずに

　ベトナム語の部品，骨組みを確認することから始まった旅もそろそろおしまいです。語や文の意味，地域差などにもかなり明るくなった今，もう一度「ベトナム語らしさ」にこだわって音のことを考えてみませんか。まずは，母音を取り上げます。

An ăn ca ri Ấn Độ. アンはインドカレーを食べる。　　　　　　**DL 92**

　「ア」の確認です。「アンは食べる」の部分は，aとăを「1拍と半拍」の違いだと心得て発音してみてください。「アーンアン」と響きますね。問題はẤn Độ〈印度〉「インド」のấnです。âの音は「ア」と「オ」の間のような音ですね。しかし，「ア」と「オ」の間にâが見つからない方には，別のコツをお見せします。日本語の「ウ」をいってから，途切れなくゆっくりと「ア」に移っていく，「ア」になる前にあいまいな音がありますね。それがâです。ちなみにベトナム料理にもカレーはあります。肉を香辛料やココナツミルクで煮たもので，さらっとしています。

Thu là thú y, Thư là thư ký, Tú là tu sĩ.
トゥーは獣医で，トゥーは秘書で，トゥーは修道士だ。

　次に「イ」と「ウ」をやってみましょう。
　まず，「イ」はiと書いたり，yと書いたりしますが，音は同じです。日本語の「イ」を長く発音してみましょう。ベトナム人はつづり字のiをi ngắn「短いイ」，yはy dài「長いイ」と呼びます。

Cái này là của ai? これは誰の？

　aiは「アーイ」，ayは「アイー」と発音します。実際に発音してみると，「イ」の短い，長いがよくわかります。
　uとưの区別は，簡単なように見えて実際は難しいです。特にưが難関です。そこでもう少し練習。「トゥーは～」の例文でuを含む音節を読むときに唇を意識しましょう。しっかりと唇を丸めているかどうか，最初のうちは手鏡などでチェックしてください。続けて練習です！

Mùa mưa, tôi mua áo mưa mới.　雨季になり，わたしは新しい雨がっぱを買う。

mùa と mua では唇を丸めますね。また，南部方言では ua を「ウア」ではなく「ワ」のように発音することが多いです。ホーチミン市などで mùa や mua が「ムワ」に聞こえるのはこのためです。

Học tiếng Việt thích quá!　ベトナム語の勉強，大好きだな。

この文の quá が「ワー」のように聞こえるのも，同じ理由です。
つづり字と音の関係に注意しながら，次の文にも挑戦してみましょう。

Thư là thú y, Thu là thư ký, Tư là tu sĩ.
トゥーは獣医で，トゥーは秘書で，トゥーは修道士だ。

先ほどの文によく似ていますが，u と ư に気を付けて見てください。「ウ」を含む音節は唇を丸めて「ウ」です。これで「どんな」トゥーさんに会っても，名前を正しく呼ぶことができますね。
さて，耳と口の練習を済ませたら，次は「エ」の確認です。

Hoa sẽ đến xem.　ホアは見に来る。

đến の「エ」は上に符号がある「イに近いエ」ですね。もう一度確認です。「イ」からゆっくり「ア」に向かって切れ目なく音を出し続ける。途中で「エ」が出ます。出はじめの「エ」はまだ「イ」に近いので ê，後に出てくる，口が大きく開いた明るい響きの「エ」は e です。sẽ đến xem の部分だけ見ると，口の開けかたは広→狭→広と動きます。

Tôi ăn phở bò.　わたしは牛肉入りのフォーを食べる。

もうおなじみの文ですが，「オ」に気を付けながら，正しく発音してみましょう。楽に発音できるのは bò「牛」の o でしょう。口を大きく開けて，「オ」です。tôi の ô「オ」は bò ほどは口を開けず，そして唇のかたちを丸くします。o と比べると，くぐもった響きがします。
「オ」で難しいのはやはりフォーの ơ ですね。ベトナムを旅行したひとが「フォーが通じないのよ」と嘆くのを何度も耳にしました。これに対して，「ファーとフォーの間みたいな感じ」というアドバイスもよく聞きます。ơ は「ア」と「オ」の中間のような音です。phở が通じないのは声調に問題があるのです。まずはこの音をしっかり身につけ，それから「尋ねる声調」で発音すればよいのです。

今度は丸めて，のばしての練習。といっても麺をこねているのではなく，口の運動です。さっそく「丸めぐあい」のチェックから始めましょう。

Phở bò thôi. 牛肉入りフォーだけ。

この文には3つの「オ」が出てきます。ơは唇を丸めずに「ア」と「オ」の間の音，それより少し唇が丸くなってơの音になり，さらに丸さを意識して「オ」を発音すればôのできあがりです。逆に，唇をしっかり丸めてôを出してから，ơとơへ移行させてみる，そんな練習も大切です。ここはphở bòの一品だけで勝負する名店なのでしょうか？

次は少しレベルアップです。「ウ」と「オ」を復習してみてください。

Buổi tối tôi ăn chè bưởi. 夜，わたしはザボンのデザートを食べる。

buổi tối「夜，夜間」のuôとかôなど，唇のかたちがきちんと丸くなっていますか。また，bưởi「果物のザボン」はươですから，唇を丸めません。特にưは「イの口でウ」ですね。唇を横に引っ張って，音を出します。メコンデルタの暑い夜に食べるchè bưởiのさっぱりとした甘さは格別です。夜とザボン，発音し分けないと，ありつけません！

Hoa luôn luôn ăn miến lươn. ホアはいつもいつもうなぎ春雨を食べる。

luôn luônは頻度を表わす語で「いつもいつも」ですね。唇を丸く狭めて発音する母音に注意しましょう。さて，lươn「うなぎ」の方は，ươですから，唇を丸めません。唇を丸める音ばかりをやると，丸くしない音まで丸くしてしまうものです。「お口直し」に丸めない「ウ」や「オ」もやっておきましょう。

Hương nhớ tưới nước nhé! フォンさん，水やりを忘れないでね。

ơやưを見ると，右肩に ˈ があるかを点検したくなってきましたか。ベトナム語の世界にどっぷり浸かった証拠です。この文ではすべてのơとưに ˈ がありますから「丸くない」音ですね。tướiは「水をやる」という動詞です。

続いてはどこをのばすのかが大切な，「アーイ」と「アイー」の再確認です。

Ngày mai Mai mua máy may. 明日，マイはミシンを買う。

ngày maiは「明日」の意味ですね。ngàyはayが見えるので，「アイー」と発音します。ayを含む3つの音節はいずれも「アイー」です。máy mayを見てみると，máy「機械」とmay「縫う」が浮かんできますね，意味はもちろん「ミ

シン」です。

Mấy giờ máy bay đến?　飛行機は何時に到着するの？

　ここでは mấy と máy の違いを考えておきます。máy bay「飛行機」のふたつある áy を見てください。a なので，日本語の「ア」と同じように口を大きく開けて「ア」と言って，すぐに「イー」です。y は「長いイ」，忘れずにのばしましょう。さて，「何時に」にある â は「ア」と「オ」の間の「ア」です。ややくぐもった響きですね。この音に続けて「イー」を出せば，ây の完成です。ときどき â を「エ」に近い音で発音する学習者を見かけますが，正しくありません。上の方法を試してみませんか。

Thầy thấy anh ấy thế nào?　先生は，彼をどう思いますか。

　ây が 3 つも出てきますね。はじめはゆっくりでいいから，â の音を正しく丁寧に出してみます。慣れてきたら，â に続けて「イー」と言います。ついうっかり anh の「ア」までを â で発音しないように気を付けましょう。

Cho tôi một bát phở bò.　牛肉入りのフォーを一杯ください。

　口の運動をここまでやると，そろそろおなかが減りますね。正しい発音でフォーを注文して，ひと休みしましょう。南部方言なら bát の代わりに tô，もちろん ô の音もきちんと発音できますね。

（2）結んでひらいて

　ここでは子音を楽しく練習しながら，より「ベトナム語らしい」発音に近づいてみることにします。

Rất tiếc, Bích không đến gặp anh Nam.　　　DL.94

とても残念なことに，ビックさんはナムさんに会いに来ません。

　この文には 8 つの音節があります。語末の子音に注目すると，2 種類のグループに分けられますね。

　-m, -n, -ng, -nh は「ん」4 姉妹です。一番簡単なのは Nam の m でしょうか。ナムと発音し終わったときに唇を閉じ，開きません。鏡で見ると口は結んだままです。日本語で「ナム」と発音するときは，言い終わると唇が少し開いていますね。これはベトナム語の Nam ではありません。

　đến はいい終わったときに舌の先が前歯裏側の歯茎についていたら合格です。舌先が前歯の裏から離れて，口の中で宙ぶらりんになっていたらダメです。もう一度挑戦してください。

　次は否定文に，疑問文にと大活躍の không です。語頭の子音 kh- は，日本語にはない音ですが，喉の奥を擦らせるように出すのが印象的なのか，あまり難しくありません。むしろ，ông の部分がポイントですね。まずは -ng の再確認。-ng では舌は低い位置です。鼻から空気を抜くようにして「ん」を発音しましょう。-n と違って，舌先は前歯の裏につきません。言い終わると口が閉じています。念のために 3 語でできた例文で確認しましょう。そうそう，この「さんご」と日本語で言うときの「ん」は -ng の音ですね。

Hoàng thương Hằng.　ホアンはハンを愛している。

　-ng の練習が済んだら，改めて -ông を見てみます。母音が o, ô, u で，末子音が -c か -ng のときは唇を閉じますね。母音が o, ô, u 以外の語とはまったく異なる音ができあがります。

Hằng không thương Long.　ハンはロンを愛していない。

　つづり字だけ見れば同じ -ng ですが，không と Long は，言い終わったときに口は結んだままです。鏡を見ながらこの文を読んで，自分の口が「ひらいて，結んで，ひらいて，結んで」となっていたら大丈夫です。

今度は第2のグループ，rất, tiếc, Bích, gặp の共通点を探してみましょう。こちらは -p, -t, -c, -ch は「寸止め」4兄弟ですね。基本に立ち返って，「さっぱり，べったり，びっくり，どっきり」をゆっくり発音してみましょう。それぞれ小さな「っ」で寸止めします。

Hiệp biết đọc sách. ヒエップは本を読める。

すべての音節で寸止めできましたか。「さっぱり，べったり，びっくり，どっきり」を寸止めするときと同じ順序です。また，-p, -t, -c, -ch の「寸止め」4兄弟で終わる音節は，声調が「鋭い声調」か「重い声調」のどちらかしかありません。

それでは，いろいろな響きを楽しんでいきましょう。

Ông Hiệp gặp ông Phúc. ヒエップ氏はフック氏に会う。

この文には，「ん」4姉妹と「寸止め」4兄弟が入り乱れて登場しますが，どの音節も口を結んで終わります。つまり，5回口を閉じる，そして文全体を言い終わったときは口を結んだまま，ということです。また，gặp ông を勝手に続けて「ガッポン」のように発音してはなりません。

Hôm qua anh ấy ăn bún bò Huế và uống bia ở nhà hàng đó.
昨日，彼はその店でブンボーフエを食べ，ビールを飲んだ。

まずは hôm ですが，きちんと口を結んでいますか。「ア」の音，「オ」の音もそれぞれ丁寧に発音し分けてみましょう。

もうここまでやったのですから，次の例文に全力でぶつかってみませんか。

Hương và Phương là hai con gái của hai vợ chồng ông Hùng và bà Phượng, nhà ở số 93 phố Phùng Hưng.
フオンさんとフオンさんは，フンさんとフオンさん夫妻の娘で，家はフン・フン通り93番地にある。

日本語訳だけ見ると意味がよくわからない不穏な例文ですね。これでフオンさんやフンさんを発音し分ける練習をしてみます。「トゥーさん」にも苦労しましたが，「フオンさん」も難易度が高い名前です。

chồng, ông, Hùng, そして Phùng は「o, ô, u の後が -ng か -c では口を閉じる」のルールに従って，言い終わると同時に口を結びます。一方で，-ương や -ưng では口を閉じないで，舌は口の中の低い位置に置いて，鼻から息を抜きます。なお，Phương, Phượng, phố と Phùng は各音節の頭子音が唇歯音で

すから，上の歯で下唇を軽く押さえます。対して，hで始まる音節は日本語の「ハ・ヘ・ホ」と同様です。歯の出番はありません。

「フン・フン通り」は日本人には難読ですね。-ung と -ưng の違い，頭子音の ph- と h- の違いはコツがつかめるまで時間がかかります。そのうえ声調も異なるので大変です。こちらの苦労を尻目に，いとも簡単に発音するベトナム人の口がついつい羨ましくなってしまうこともあります。

ちなみに，一般的にベトナム人は日本語の「つ」が苦手です。筒井夏雄さんなどは，その名前を Đọc khó quá!「読むのが難しいなあ」と嘆かれているでしょう。

「通り」は北部では phố，南部で đường と言います。通りの名前は，歴史上の人物，出来事などにちなんでつけられることがほとんどです。「どこの街にも同じ通りの名前がある」のはこのためです。また，番地の言いかたにもなじんでおきましょう。「数」や「数字」を意味する số を最初に置いて，次に番地です。その後に通りの名前を示します。

日本人が発音しにくい通り名をいくつか取り上げて練習しておきましょう。

Cách mạng tháng tám　8月革命

cách mạng「革命」が最初の関門です。どちらも口を閉じずに終わる音ですが，cách の方は「寸止め」に注意し，mạng では「ん」を正しく，そしてしっかりと「重い声調」で発音しなければなりません。次の tháng tám「8月」は語末の子音を見ると「ひらいて，結んで」のパターンです。また，語頭の子音も違いますね。tháng「月」は息を強く出して発音します。口の前にティッシュペーパーを当てて発音してみましょう。tháng では強い息で紙が揺れ，「8」の tám では紙は動きません。

Lê Thánh Tông　レ・タイン・トン

これも Thánh Tông の t- と th- の区別が大切です。「ん」も2種類ありますね。なお，南部では Lê Thánh Tôn と表記され，「レ・タン・トン」と聞こえます。-anh は北部方言では「アイン」，南部では「イ」の音が聞こえず，舌を上あごにぴったりとくっつけて「アン」と発音しますね。「タン」の「ン」と「トン」の「ン」は別々の音として発音し分けられると，ベトナム人にもすっきり通じるようになります。特に「タン」の「ン」を，どうしても -ng で発音してしまいがちです。意識してみてください。

Phạm Ngọc Thạch　ファム・ゴッ・タッ

3音節すべて「重い声調」も難読の一因ですが, 語末の子音が「結んで, 結んで, ひらいて」とできるかどうかも重要なポイントです。また, 最後の音節 Thạch は語頭の子音が th- なので, ティッシュペーパーが揺れる「タ」の音を出します。

　これらを繰り返し練習して自家薬籠中のものにできたら, タクシーに乗って行き先を告げても Há!? と聞き返されることはなくなります。

　そうそう, ベトナム語の響きを考えるなら, 声調も忘れてはなりませんね。この本のはじめの方に登場した「トゥイさん」をもう一度思い出してください。

Thúy và Thủy ở Thụy Sĩ.　トゥイとトゥイはスイスにいる。

　「鋭い声調」の Thúy さんと, 「尋ねる声調」の Thủy さんは別人ですから, しっかり発音し分けましょう。Thúy さんの方は「ウイ」のところをキュッと鋭く上昇させます。Thủy さんは「ウイ」の音を, 驚きや意外な気持ちの「えー」のように発音します。そして, 「尋ねる声調」は北部と南部で響きが異なります。南部方言では「なめらかに」を基本に, 高低の振り幅が大きくなりましたね。また, Thụy Sĩ「スイス」の thụy は「重い声調」で, これも南部では発音が違います。低く重く発音しますが, 最後は少しだけ上昇させます。重さが軽減して, やわらかな響きが聞こえます。

Thủy đã ở tỉnh Quảng Ngãi.　トゥイはクアンガイ省にいた。

　中部の主要都市ダナンから南下するとクアンガイ省です。tỉnh Quảng Ngãi の3つの音節を, 地元クアンガイの住民をはじめ南部方言の話者はすべて同一の声調で発音します。上の例文は「尋ねる声調」と「倒れる声調」の音節でできていますが, 南部方言では6つの音節がすべて同じ声調で発音されます。

　南部方言のなめらかな響きにうっとりするのもよし, 切れ味鋭い北部方言の響きを味わうのもよし, ベトナム語の音にすっかり魅せられてしまいましたね。

「A であるが，B である」

　以前，英語の先生から「but の後にホンネあり」という名言を授かりました。逆接の語の後ろに注意せよと，ありがたい教えでした。これはベトナム語にも当てはまるようです。

Tôi muốn đi lắm nhưng không đi được.

わたしはとっても行きたいのですが，行けません。

　「本当に行きたいのかどうか」を邪推してはいけませんね。あくまで「行けない」という部分を受け取ればいいのですから。nhưng は逆接の語，ではほかにどんな逆接のパターンがあるのかを見ておきましょう。

Tuy tôi rất muốn đi nhưng không đi được.

わたしはとても行きたいが，行くことができない。

　こちらはやや改まった感じがしますね。【tuy A nhưng B】で「A であるが B である」を表現します。書きことばでよく目にするパターンです。

Tuy Long học nhiều, không thi đậu được.

ロンはたくさん勉強したが，試験に合格しなかった。

　nhưng を省いて，上のような表現もできます。thi は「試験を受ける」，đậu は「試験に合格する」の意味です。

　次はちょっと長めですが，「tuy nhiên（しかしながら）の後にホンネあり」を意識しながら見てください。

Quan hệ Nhật Việt đã phát triển tốt đẹp. Tuy nhiên chúng ta đang gặp khó khăn…

日越関係は良好に発展した。しかしながら，我々は困難に直面している……

　新聞記事を読んだり，通訳をするときなどは，tuy nhiên が出てくると「いよいよだな」という気持ちになります。この後に具体的な問題点，課題が出てくるからです。

「A ばかりでなく B も」

　文法の授業や教科書には「定番」ともいうべき例文や練習問題が登場します。ここでは，そのうちのいくつかを紹介しておきます。

Long không chỉ biết nói tiếng Nga mà còn giỏi tiếng Anh.

ロンはロシア語ができるばかりでなく，英語も上手だ。

　ここでは【không chỉ A mà còn B】のかたちで「A ばかりでなく B も」を学ぶことになります。同じことは chỉ の代わりに những を使った【không những A mà còn B】でも表わすことができます。

Thầy giáo tôi không những đẹp trai mà còn thông minh nữa.

わたしの先生はハンサムなだけでなく，聡明でもある。

　文末の nữa は追加，補足の働きをします。「～までも」とか「そのうえ～」と訳せばよいでしょう。さて，日々の会話で「A ばかりでなく B も」と言うときには，上で見たような表現よりは，次の言いかたの方が自然でしょう。

Long biết nói tiếng Nga mà lại giỏi tiếng Anh nữa.

　【A mà lại B nữa】のかたちが出てきました。「A で，そのうえ B だ」と言っているのです。ここでちょっと練習です。「ホアは鶏肉入りフォーを食べ，そのうえ牛肉入りフォーも食べた」を考えてみましょう。

Hoa ăn phở gà mà lại ăn phở bò nữa.

　かたち通りに，きちんと作文できますね。今度は動作ではなく，性詞を使って性質についても述べてみます。「この本は面白く，そのうえ安い」，さあ「練習」してみましょうか。

Quyển sách này hay mà rẻ nữa.

　こういうお声をいただけるように精進しています。

ことばの南北旅行

コラム

　この本では，主に首都ハノイを中心とする北部方言を紹介しています。北部出身の女性トーさんが，北部方言で音声を吹き込みました。しかし，ベトナムを旅行して実際にベトナム語を耳にすると，地域によって響きが異なることに気がつきます。ご当地料理とご当地ことばを楽しむのはベトナム国内旅行の醍醐味です。ここでは，いくつかの代表的な方言の音声を紹介しておきます。音声データでは，ホーチミン市出身の男性トゥアンさんが南部方言を中心とする「ご当地ことば」を吹き込んでいます。音源を聞いてからコラムを読むのもよし，コラムを読んでから音源で響きを楽しむもよし。

　まずは南部方言です。人口の半分以上がこの方言の話者で，中心はホーチミン市（旧サイゴン）です。南部方言を聞くと「響きが柔らかいな」と感じます。その理由を考えてみると，南部方言には「倒れる声調」がないことに気がつきます。北部方言の「倒れる声調」は，途中で音が断絶して，その後に高く緊張した声を出すのに対して，南部方言では緩やかに上下する感じです。

DL 95

　トラック 2 とトラック 95 に，同じ文を北部方言と南部方言で吹き込んであるので，ご自分の耳で実感してみてください。また，この 2 トラックを繰り返し聞いてみると，「重い声調」も違うことがわかりますね。南部方言では，言い終わりが少し跳ね上がっている感じがします。語末の音の「沈みかた」が柔らかい印象を受けます。「スイス」を意味するThuỵ Sĩ に注目（耳？）して聞いてみてください。

DL 96

　トラック 3 とトラック 96 では，mua「買う」，cua「蟹」などに含まれる -ua の母音の響きの違いを聞いてみてください。

DL 97

　トラック 4 とトラック 97 の聞き比べも楽しいひとときになります。南部方言のトラック 97 には「ザジズゼゾ」の音がないことに気がつきます。語頭の d-, gi- はヤ行の音ですね。外来語の読みかたにも反映さ

れ，pigiama「パジャマ」の音はトゥアンさんの吹き込みでは「ピヤマ」と聞こえますね。r- の方は，舌を反らせる音，あるいは舌を震わせる音が出ています。北部方言の ra と南部方言の ra は明らかに別の音です。中南部のクアンナム地方では，r- を「ジャ」の音で出すところもあります。ヤ行，ザ行，ジャ行が入り混じるので，たとえば矢崎さんは中部，南部出身者には難読苗字になってしまいます。「ヤヤキ」とか「ヤジャキ」とか「ジャジャキ」とか，もう「言われ放題」状態です。

DL 98

　次のトラック 98 は語末子音を楽しむパートです。-t で終わる語と，-c や -ch で終わる語の響きを味わってみてください。つづり字との関係，あるいはトラック 5 に入っている北部方言の音との違いを考えながら聞けば面白いでしょう。

DL 99

　トラック 99 では，トゥアンさんが 0 から 10 までの数詞を南部方言で読んでいます。6 は「サウ」ではなく，「シャウ」のように聞こえます。語頭子音の s- は，反り舌音になります。「サシスセソ」ではなく，「シャ」行です。トラック 21 に入っている北部方言の数詞の音をもう一度聞いて，どちらの方言の音にも馴染んでおくといいですね。

　そうそう，s- が「シャ」行の音ですから，地元っ子なら「サイゴン」ではなく「シャイゴン」と発音します。

　さて，南部方言と北部方言を対照してみると，d-，gi-，r- を発音し分ける，s- と x- や，ch- と tr- も違う音で出すなど，語頭の子音の区別は南部方言の方が厳密です。他方で，語末子音を見ると，南部方言では -t，-p，-c，-ch の区別や -n と -ng の出し分けがかなりあいまいで，しかもそれがつづり字のミスにも影響を与えるなど，「規範」である北部方言を軸に考えると，大きな違いが見えてきます。トラック 78 は，「ベトナム語の南北縦断」ができる音源です。

　さらに音源には，中部のフエ方言，クアンナム地方の方言，メコンデルタのカマウ方言も収録しました。フエ旅行へ出かける前には，名物のブンボーフエをフエ方言で注文できるように，トラック 79 で「旅のベトナム語」の予習をお忘れなく。ダナンからホイアンに足を延ばしたら，食堂で地元のおじさんたちが乾杯する掛け声にも耳を傾けてください。

「ああ，クアンナム地方に身を置いているのだな」としみじみした気持ちになればいいのですが。トラック79は，そんなシーンでお役に立つはずです。

　カマウに出かけるなんて機会はそうないのですが，だったらことばだけでも味わっておきたいものですね。以前，海産物の輸出入に携わる卒業生が「カマウ出張が決まった」と連絡してきました。わたしからのアドバイスは「語頭のrに気を付けるように。ガ行の音が聞こえたら，g-とr-の両方を考えるように」でした。この方はrượu, rắn, rùa（トラック79）の練習をした甲斐があったのかどうかは知りませんが，「出張は大成功でした」とうれしい報告をしてくれました。

　それにしても，このコラム。書いているだけで，ベトナム各地で出会ったさまざまなベトナム語話者の表情，声の響き，街の香りがわたしの胸に去来します。ベトナム語を学んで，ベトナムに出会って，本当によかったです。みなさんのベトナム語生活も実り多いようにと，祈るような気持ちです。

国道沿いに1キロごとにある「キロポスト」
（本文103ページ）
上のQL1はQuốc Lộ「国道」1号線の意味で，ここは1号線の起点から1715キロ，さらにホーチミン市まで185キロの位置です。TPHCMはthành phố Hồ Chí Minh「ホーチミン市」を略した表記で，ベトナム国内のあちこちで目にします。

参 考 図 書 ガ イ ド

わたしがこの本を執筆する際，参考にした図書や辞典類をまとめました。読者のみなさんのご参考や発展学習に役立つものについては，コメントも加えてあります。

1　ベトナム本国で出版されたもの

Từ điển tiếng Việt 2010（ベトナム語辞典 2010）

　ベトナム語辞典のスタンダード。毎年新版が発売されます。ハノイやホーチミン市など，主な書店で手に入るので，ベトナムを旅行したら自分用のお土産に。

Từ điển Việt Anh（越英辞典），Viện Ngôn ngữ học 編

　越英辞典は数多くありますが，使いやすさや用例のわかりやすさでは，言語学院編纂の本書がお勧めです。Từ điển Anh Việt（英越辞典）もあります。

Vietnamese English Student's Dictionary（学生用越英辞典），Nguyễn Đình
　Hoà 著（1967 年）

Việt Nam Tân Tự Điển（ベトナム新字典），Thanh Nghị 著（1967 年）

　上記 2 冊は旧南ベトナム時代に発行されたもので，今では古書店で入手可能です。前者は見出し語の選定がよく，解説も簡潔で使いやすいです。後者は英語やフランス語の解説があり，当時の言語事情が目に浮かびます。イラスト入りです。

　さて，次は文法辞典の嚆矢ともいうべき書です。

Từ điển ngữ pháp tiếng Việt cơ bản（ベトナム語文法基本辞典），Nguyễn
　Văn Huệ 編著（2003 年）

　外国人学習者がつまずきがちな文法事項を，わかりやすく説明してあります。説明は越英の 2 言語であり，「説明のベトナム語がわからない」という最悪の事態に陥ることなく，謎がきれいに氷解していくでしょう。フエ先生の著作では，ベトナム語の音声を解説した次の本も参考になります（書名，著者名，刊行年，出版社名の順で並んでいます）。

Cơ cấu ngữ âm tiếng Việt, Đinh Lê Thư, Nguyễn Văn Huệ, 1998, NXB Giáo
　dục

以下は「もっと知りたい」方のための書籍です。わたしも参考にしました。

Tiếng Việt – sơ thảo ngữ pháp chức năng, quyển 1, Cao Xuân Hạo, 1991,
　　NXB Khoa học Xã Hội

Ngữ pháp tiếng Việt (bộ mới), Diệp Quang Ban, 2004, NXB Giáo dục

Ngữ pháp tiếng Việt (Tiếng-Từ Ghép-Đoản ngữ), Nguyễn Tài Cẩn, 1975,
　　NXB ĐHTHCN

2　日本で出版されたもの

『ニューエクスプレス プラス　ベトナム語』三上直光，白水社

　文法，会話などの基礎固めに最適です。ベトナム人の友人がいるなら，その方を先生として，この本を教科書にしてレッスンすると，ベトナム語力がしっかりつきます。

　自著で恐縮ですが ...

『パスポート初級ベトナム語辞典』田原洋樹，グエン・ヴァン・フエ，チャン・ティ・ミン・ヨイ，白水社

　語が持つイメージの理解がつかめるように，よく似た語の使い分けができるように，を目指しながら，ベトナム語らしさにこだわった例文を盛り込んでみました。

『つながるベトナム語会話』田原洋樹，白水社

　今やすっかり身近になったベトナム語。現地ベトナムだけでなく，日本国内でも気軽に話しかけてみませんか。「話してつながる」楽しい会話本です。にぎやかな音源もダウンロードできます。

　次の本は，ベトナム語で書かれたものではありませんが，ベトナム人の気持ち，文学のこころを理解するために最適です。

『東南アジア文学への招待』宇戸清治・川口健一，段々社

　ベトナムの文学をベトナム語で読みたいという思いを強くさせてくれる作品群が，超一級の和訳で紹介されています。

　さて，本書を一読しても，まだまだベトナム語に違和感がある方には，今一度

この本を読み返してくださるよう，お願いします。

『ベトナム語のしくみ』田原洋樹，白水社

　「寝ながら読める」というキャッチコピーがついた「言葉のしくみ」シリーズの一翼を担っています。枕元にベトナム語以外のシリーズも揃えて，毎晩の就寝前のひとときを「言葉の世界旅行」にあてるなんて素敵ですね。

懐かしの Giấy phép đi lại「移動許可書」

外国人が国内を移動するときには，これが必要でした。ベトナムの隅々までバックパッカーが闊歩する今日では，もはや「歴史遺産」のような文書ですね。

「くわしく知りたい」にこたえる ポイント！ 一覧

「知りたい」ことが本のどこにあるのか。これは「ベトナム語の森」から，あなたが気になる木を探すための案内板です。

そして，本文を読みきったあなたはもう「ベトナム語の森」の住人。ときおり眺めて，森の全景を思い出してくださいね。

52	名詞述語文	名詞述語文では主語と述語の間にlàを置く
53	名詞述語文の否定と疑問	否定は主語+không phải là+述語 疑問は主語+có phải là+述語+không?
54	性詞述語文	そのまま並べる 否定はkhông+性詞 疑問は主語+có+性詞+không?
63	動きの様子	「いつ」よりも「動きがどういう状態なのか」が重要
66	受動表現	受動は【Aさん】+được/bị+【Bさん】+動詞 「AさんはBさんに〜される」
69	受動表現	doやbởiの後ろに動作主 doやbởi+【動作主（〜さんが）】+動詞
70	使役表現	【Aさん】+cho+【Bさん】+動詞 「AさんはBさんに〜させる」
72	使役表現	【Aさん】+làm/làm cho/khiến/khiến cho+【Bさん】+性詞または動詞 「AさんはBさんを〜させる」
74	あげる	【Aさん】+cho+【Bさん】+【モノ】 「AさんはBさんにモノをあげる」
77	してあげる	【Aさん】+動詞+cho/giúp【Bさん】 「AさんはBさんのために〜してあげる」
78	しなさい	親しい仲, 年下のひとに対しての命令・促しは文末にđiを置く （目上のひとにはXin+）「あなた」+hãy+動詞句で「〜しないでください」
79	義務・命令と忠告・促し	義務・命令=主語+phải+動詞句「〜しなければならない」 忠告・促し=主語+nên+動詞句「〜した方がよい」
79	しないでください	（目上のひとにはXin+）「あなた」+đừng+動詞句で「〜しないでください」
82	できる	「できる」の基本は動詞+được, 許可はđược+動詞
84	できない	「できない」はkhông+動詞+được 不許可・禁止はkhông được+動詞
86	〜するために	【動詞A+để+動詞B】BするためにAする

頁	ポイント	説明
90	したい，したくない	「したい」はmuốn＋動詞 「したくない」はkhông muốn＋動詞
91	好き，嫌い，大嫌い	好きはthích，好きではないはkhông thích，ghétは大嫌い
95	動きの方向性	広→狭はvào　　狭→広はra 低→高はlên　　高→低はxuống
96	ベトナム国内の移動	北→南はvào　　南→北はra メコンデルタへはxuống　デルタからはlên
102	名詞の種類	まずは固有名詞と一般名詞 固有名詞は音節はじめを大文字で書く
103	名詞，さまざまな仕事	度量衡，場所や時間を表わすのも名詞の仕事
104	類別詞	名詞を区別する類別詞 生物はcon　無生物はcái
107	合成語	合成語は大きく分けて「対等」と「正副」の2種類
111	ざっくりとした名詞	ざっくりと全般的・包括的な意味の名詞（総称の名詞）は[nói khái quát]が目印
112	ざっくりとした名詞は数えられない	ざっくりとした名詞は「ひとつ，ふたつ」と数えることができない
114	類別詞の使いかた	「名詞丸出し」で一般論 類別詞付きの名詞は「やや限定的」「少し身近」 【類別詞＋名詞＋指示詞】でズバリ限定
120	nayの使いかた	nayを使うのは「今日」と一日の細かい時間など
128	ざっくりとした性詞	性詞にもざっくりと全般的な意味を表わすかたちがある
129	性詞を重ねる	性詞を重ねて，意味が弱い別の性詞を作る
132	「とても」と「とっても」	「とても〜だ」は【rất＋性詞】 【性詞＋lắm】は「とっても〜だ」 【性詞＋quá】は「とっても〜だ」の感嘆文
136	性詞の並べかた	持続・継続の副詞，頻度の副詞は性詞の前に 変化の完結を表わすrồiは性詞の後方に

著者紹介
田原洋樹（たはら・ひろき）
立命館アジア太平洋大学教授。専門はベトナム語（特に 1975 年以前の旧ベトナム共和国のベトナム語）、ベトナムの歌謡曲。
著書：『ベトナム語のしくみ』『つながるベトナム語会話』『ベトナム語表現とことんトレーニング』（すべて白水社）、『パスポート初級ベトナム語辞典』（共編、白水社）。

くわしく知りたいベトナム語文法 ［改訂版］

2023 年 1 月 15 日　印刷
2023 年 2 月 5 日　　発行

著　者 © 田　原　洋　樹
発行者　　岩　堀　雅　己
組版所　　株式会社シャムス
印刷所　　開成印刷株式会社

発行所　101-0052 東京都千代田区神田小川町 3 の 24
電話 03-3291-7811（営業部）, 7821（編集部）　株式会社　白水社
www.hakusuisha.co.jp
乱丁・落丁本は送料小社負担にてお取り替えいたします。

振替 00190-5-33228　　Printed in Japan　　加瀬製本

ISBN 978-4-560-08959-0